カンファ・ツリー・ヴィレッジ叢書 1

CAMPHOR
TREE
VILLAGE

世俗仏教の倫理と死の意味の哲学

スティーブン・バチェラー
一ノ瀬正樹／碧海寿広／鈴木健太
中島聡美／西本照真／松本紹圭

CAMPHOR
TREE
VILLAGE

武蔵野大学出版会

はじめに

武蔵野大学創立１００周年を記念したカンファ・ツリー・ヴィレッジ・プロジェクト。本プロジェクトは、本学の建学の精神であるブッダ・ダルマ（仏法）の根本をふまえ、現代世界の諸課題の解決に向けダルマの意義と貢献の可能性の論究及び提言等に取り組み、もって世界の平和と安穏のために寄与することを目的として、立ち上げられた。２０２３年と２０２４年に、それぞれ年二回（春・秋）、国内外からゲストをお迎えし、対話の場を開くこととなっている。

私たちが投げかける根本的な問い。それは、私たちが今日直面している倫理をめぐる課題をいかに捉え直すことができるか、そして未来世代に対し、ブッダ・ダルマ（仏法、ブッダの説いた智慧のこと。「仏教＝ブッディズム」という主義・主張（イズム）から離れるために、ブッダ・ダルマという表現を大切にしている）を通じていかなる「もう一つの」視点を提示することができるか、ということ。この問いを携え、ブッダ・ダルマを軸に多様な視点を持ち寄り、三日間にわたってなされる対話は、一つの答えを出すことにとらわれず、対話によって生成される道筋から、未来世代へ提供できる視点を探る試みである。

２０２３年11月12日〜14日、京都法然院で行われた「２０２３秋の対話」のテーマは「倫理」。メインスピーカーとして、スティーブン・バチェラー氏（仏教思想家）、一ノ瀬正樹先生（武蔵野大学教授）をお迎えし、さらに途中、ゲストスピーカーとして森島豊先生（青山学院大学教授）とピコ・アイヤー氏（エッセイスト）をお招きして、三日間の対話が行われた。

対話の場となった京都の法然院は、法然上人ゆかりの名刹だ。木々に囲まれた石段を上ると、苔に覆われた茅葺きの山門が迎えてくれる。山門をくぐると、両脇には美しい白砂壇《びゃくさだん》ともみじの木々。三日間、厳かな本堂で朝のお勤めをし、趣ある大書院をお借りして対話を重ねた。参加者一人ひとりが、場の力がいかに重要かを実感していた。梶田住職をはじめ、法然院の皆さまに心より感謝申し上げたい。

今回、対話を本にまとめるにあたり、先に対話が行われた環境について少し振り返ってみたい。というのも、対話には「場」の力がとても重要だと思うからだ。対話が行われた場の雰囲気も感じながら、本書を楽しんでいただければ幸いである。

◆

法然院本堂にて、ご住職に朝のお勤めをしていただくところから一日は始まる。ご本尊は阿弥陀如来坐像。厳かで心が静まる時間と空間。阿弥陀さまの前の生菊が印象的で、二十五菩薩（来迎の際に阿弥陀仏にお供する菩薩）を象徴する二十五の散華《さんげ》とのことだった。

ご住職は法話で次のように語られた。

「それぞれが何かを愛して生きるのがこの世です。執着してしまうのがこの世なのです。わかり合えて当たり前ではなく、わかり合えなくて当たり前です。少しでもわかり合えたら有難いことで、わかり合うためには武力に訴えず、対話を重ねていくことです。素晴らしい対話の場となるよう願います」

二日目には特別に、朝のお勤めから境内の朝掃除も体験した。法然院の玄関には、「一掃除　二勤行とや落ち葉掃く」と書かれた大衝立がある。まずは「掃除」、そして「勤行」、そう呟きながら「落ち葉掃く」。浄土宗の修行道場として興った法然院において、なにより掃除が大事であるというメッセージが参加者の心に響いた。掃除のような「体験」は、カンファ・ツリー・ヴィレッジの大切な要素でもある。掃除は、宗教や言葉の枠を超えて共に行える仏道の実践であり、身体を使って掃除をするうちに心が整い、自他の境界線も溶けていくように感じられる。

こうした素晴らしい環境の中で対話は深まり、宗教と倫理の関連性から、よき祖先のあり方や責任まで話は及び、カンファ・ツリー・ヴィレッジの中心にある問いを探る時間となった。

ゲストの視点を内包しながら、現代世界で直面している倫理的問題をいかに再構築できるか、そして未来世代にどのような代替的視点を提供できるかという〈根本的な問い〉に立ち返るのだ。

いかにして私たちはよりよき祖先になれるか How can we become better ancestors

一日五時間に及ぶ対話が、三日間続いた。深い集中力を持続しながら、休憩時間も対話は続き、最後に三日間の感想や感謝が述べられた頃、ちょうど法然院の夕方の鐘の音がゴーンと境内に響いていた。

武蔵野大学客員教授
本プロジェクト統括プロデューサー
松本紹圭

目次

第1章

西洋の仏教者と日本の哲学者が対話する

スティーブン・バチェラー
仏教講師・作家
×
一ノ瀬正樹
武蔵野大学ウェルビーイング学部教授・
東京大学名誉教授

仏教や哲学との出会い

バチェラー　仏教徒として育っていない、というのが私の出発点です。１９５０年代のイギリスでは、仏教について知っている人はほとんど誰もいませんでした。また、私はキリスト教に育てられたわけでもない。教会の礼拝に出席したことはありませんし、宗教教育も受けていない。そのため、いろいろな意味で宗教から自由でいることができました。しかし同時に、私は青年期になってから、自分に何かが欠けていることに気づきました。そして、このことが私をインドの仏教や、ダライ・ラマを中心とするコミュニティに引き寄せたのです。

それ以来、私は「ダルマ」の研究と実践に人生を捧げてきました。私は多くの異なる種類の仏教に出会っています。仏教はいまや世界中に広がっています。ヨーロッパやアメリカの主要都市に行けば、テーラワーダ（上座部）、禅、チベット仏教、浄土真宗のコミュニティがあります。このことは、仏教の豊かさと多様性に出会うことを意味します。というのも、これらの異なる宗派は、すべてが同じ内容の教えを説いているわけではないからです。

仏教が現代の私たちにとって何を意味するのか、深く問い直さなければならない時期に来ていると感じています。私たちは仏教の基礎や核となる考え方に立ち戻り、現代の世界的な状況に対応できる何かを構築するための土台を与えてくれるものを見つけなくてはなりません。

私は、ダルマの本質は倫理的な行為や実践であると主張したい。そして、それらは人生で直面するさまざまな状況に適切に対応するための実践であり、人生の核となる価値観や原則となるべきものなのです。それらの実践を、苦しみの最終的な解決や涅槃《ねはん》といった究極的な超越状態へと導くものではなく、人々がそこに住み、幸福に暮らすための場所を作り出すための倫理として捉え直したいのです。

一ノ瀬　ありがとうございます。私の専攻は哲学で、特に西洋哲学に焦点を当てています。哲学的なトピックに興味を持ち始めたのは13歳の時です。ある日、日本脳炎の予防接種を受けましたが、おとなしい子ではなかったので、その日の夕方友達と汗だくになって遊んでしまいました。するとその夜、高熱が出たのです。とても怖かったです。そして、生まれて初めて「いつか死ぬかもしれない」という恐怖を感じました。その時、たとえ私が子供であったとしても、それは私の愚かな行動の結果なのだ、報いなのだ、と理解するようになりました。そうした自分の悲しい経験を通して、これは因果関係のようなものなのだということがわかってきたのです。やがて、このような話題が学術的に議論されているということも知りました。

高校で勉強してみると、それは哲学や自然科学で議論されるようなテーマだということで、大学で哲学、特に西洋哲学を学ぶことにしました。博士論文では、17世紀のイギリスで最も有名な哲学者であるジョン・ロックについて扱いました。彼は西洋のキリスト教に深く影響を受けています。だから、私はキリスト教の勉強もしなければならないと思い、『聖書』などをよく参照しました。

他方で、私には自分の人格を形成するための別の源もありました。私は日本の伝統の中で育ち、先祖は仏教寺院の墓地に埋葬されている。その寺院は禅宗の一派です。無意識のうちに仏教の伝統に親しんできました。また同時に、私は日本の歴史にとても深い関心を持っていて、歴史書を読んだり勉強したりするのが好きでした。それで仏教や神道にも自然に興味を持つようになった。だから、一種の混合物が私の個性を作っています。

ダルマとは何か

バチェラー　ありがとうございます。お互いのバックグラウンドが共有されたところで、まずは「ダルマ」

とは何かという、私の理解について説明させてください。

ダルマとは、ある意味で仏教を動かすものです。それは仏教の教えであり修行ですが、いずれの教えや修行にも還元できません。ダルマは普遍的なものだと私には思えますが、仏教は常にどのような形であれ、特定の文化や歴史によって制限されるものです。私たちはチベット仏教や日本仏教について語りますが、チベットのダルマや日本のダルマについて語ることはありません。

言い換えれば、ダルマは特定の仏教のかたちを超越するものです。それは生き方の原則のようなもので、組織的な宗教のようなものではありません。ダルマは、仏教を生き生きとさせるための実践を通して、私たちに何かを問いかけてきます。そして私の場合、これは既存の仏教が前提としている伝統的な信念や前提のいくつかに対して、実際的な疑問を投げかけることにもつながります。

一ノ瀬　ダルマは「法」と訳されるのかと思いますが、日本語の「法」は、一般的には法律のことを意味します。一方、英語では「法（law）」には二つの異なる意味があります。一つは自然の法則です。物理学や化学などによって発見される科学的な法則のことです。もう一つは、古代ローマ帝国以来、神によって与えられた規範や道徳原則のようなもの、つまり「自然法」を意味します。

これが近代の哲学では、記述性と規範性の二つとして議論されます。例えば、ある男の子が毎日学校でいじめられているとします。これは事実を示す記述的表現です。それに対し、この少年は学校で毎日いじめられるべきだという意見や指令、こちらは規範的な表現です。それでは、ダルマの場合はどちらを意味するのでしょうか。それとも、どちらとも言い切れない曖昧な境界線があるのでしょうか？

もう一つ例を挙げておきましょう。私たち日本人にはクジラを食べる習慣があります。それに対して、海外ではこうした日本の伝統や風習を批判する国もあります。すると、一部の日本人は「それは我々《われわれ》の文化だ、だから我々はこの伝統を守るべきだ」と言って怒ります。客観的に見れば、日本の歴史の中でクジラを食べることは事実の繰り返しでしかない。しかし、これを義務や規範の問題として論じる人々もいる。つまり、記述性から規範性へと議論を移行しているのです。そこで私の疑問は、仏教におけるダルマというのは、記述性と規範性のどちらなのか、あるいは両者が混成したものなのか、ということになります。

バチェラー　とても興味深いご質問です。例えば、ブッダの最初の説法とされる四諦《したい》の教えは記述的なものです。人生は苦しみであり、苦しみの原因は渇愛（欲望）であり、その渇愛を終わらせれば苦しみもまた終わる。これらは本質的に真理の主張です。ダルマは何らかの形で特定の事実、特定の真理を宣言しているのでしょう。

しかし他方で、ブッダの主たる関心は、現実の記述にあったわけではありません。ブッダが興味を持っていたのは、こうした基本的な事実に私たちがどう対応すべきか、ということでした。それゆえ、人生は苦しみだと言うよりも、苦しみを受け入れるべきだと彼は言いました。渇愛が苦しみの原因だと主張するのではなく、渇望を手放すべきだと述べたのです。涅槃は苦しみを終わらせると説明するのではなく、涅槃を経験すべきだと教えるのです。八正道《はっしょうどう》が苦しみを終わらせると言うのではなく、八正道を修めるべきだと言っています。

一ノ瀬　なるほど。非常に明確ですね。

バチェラー　このブッダによる根本的な教えに立ち戻って、私がいま目指しているのは、ダルマを記述的なものとしてではなく、規範的なものとして考えるということです。そしてその転換は、倫理的な問題をより中心に据えることを可能にしてくれるはずです。ダルマの実践者としての私にとって重要なのは、何を信じるかではなく、何をするかなのです。仏教的な説明を信じている人はたくさんいますが、それが必ずしも実際の世界での行動に反映されるとは限りません。

一ノ瀬　よくわかりました。実は、私にとって最も基本的な疑問は、義務や規範性という概念の源は何なのかということです。それは私にとってとても不思議なことです。私たちは犬や猫、牛や馬と同じように生きている。でも、彼ら人間以外の動物たちは、何かをしなければならないということを理解していない。ただ生きている。少なくとも私たち人間にはそう思われる。それに対し、人間は義務という考えを持つようになった。これはとても不思議なことです。

バチェラー　義務や規範性がどこから始まるのか、どこから来るのかという問いに対する伝統的な仏教の答えは、おそらく宮殿に住む王子として登場するブッダの伝説に暗示されているのだと思います。

安全で安心な場所で育ったこの若者は、宮殿の外に何があるのか興味を持ち始めた。そこで彼は広い世界を見てくる。そこには病人や老人、死体があり、最後に修行僧に出会った。宮殿という閉ざされた領域を出て初めて、誕生、病気、老い、死について、単なる説明的な事実としてではなく、問いとして目を開くことができた。

そして彼はもちろん、これはまさに自分の状態だと理解する。もし私が生まれて、病気になり、年老いて、死ぬとしたら、私はどう生きるべきか？　私は何をすべきなのか？　その答えの始まりが、放浪する修行僧との出会いである。それは彼の人生に対するそれまでとは別のアプローチを提供したのです。

完全な答えではないが、仏教の観点からすれば、これが義務や規範性につながる問いの始まりを示すものだと思います。

一ノ瀬　とても興味深いです。道徳心理学の分野で研究している学者たちは、進化論的な観点に訴えることによって、規範性という概念がどのように生まれたのかを調査しようとしているようです。動物が「すべき」という観念を持ちうるかどうかというのも問われるところでしょう。

バチェラー　私は生物学者ではないですが、私の感覚では、動物は「すべき」という観念を持たないと思います。マーティン・ヘグルンドというイェール大学に勤めているスウェーデン出身の哲学者が、『この生――世俗的信と精神的自由』（宮崎裕助・木内久美子・小田透訳、名古屋大学出版会、２０２４年）というとてもよい本を書いています。彼はこの本の冒頭でカモメのイメージを使っている。カモメが海の上を飛んでいるとき、海を覗き込んで魚がいるのを見つけると、「ズキューン」と鳴きます。カモメは基本的に魚を捕まえるようにプログラムされている。ヘグルンドはこれを例にして動物と人間とを対比している。人間もまた、ある状況下では、何か好ましいものを見てそれを追求する。しかし、私たちは、そんなことはすべきではない、この興味を追求すべきではないということもあるでしょう。そこに「すべき」が生じる。

動物たちは、こういった「私はこうあるべきだ」という感覚を持ちません。彼らはただ、目標を追い求めるという自然の条件づけに従うだけです。ためらうことはない。「こんなことをしていていいのだろうか？」あるいは、「この種の魚は絶滅危惧種かもしれないので、別の種類の魚を手に入れるべきじゃないか？」。そんなことを考えたりはしません。人間に飼われている猫や犬にしても同じことです。

一ノ瀬　その通りです。とてもわかりやすい説明ですね。しかし、人間は犬や猫その他の動物を訓練することもできる。そして、犬や猫は訓練された後、私たちの意図に従うことも従わないこともできる。ということは、動物の場合であっても、ある種の「べき論」は機能するかもしれない。しかし、これについては十分な証拠がありません。

バチェラー　いずれにせよ、ブッダが関心を抱いていたのは、「物事がどうあるか」という説明的な考えよりも、それぞれの人が「どう生きるか？」という問題であったと個人的には考えています。

「死の意味」の哲学と瞑想

一ノ瀬　それは「人生の意味（生きる意味）(meaning of life)」というテーマにつながる問題だと思います。これは英語では非常に一般的な表現で、この表現をタイトルに含む本はたくさんあります。それに対して、おそらく「死の意味 (meaning of death)」については、あまり問われることがなく、少なくとも英語の書名ではほとんど用いられない。しかし、今回はあえてこの「死の意味」について議論したいと考えています。

バチェラー　それは私が最も議論したいと考えていたテーマの一つでもあります。私自身、仏教を修行する過程で行った最も貴重な瞑想の一つは、「死の思索」でした。その思索の本質を皆さんと分かち合いたいと思います。ここで議論すべき「死の意味」について、それが何らかの答えを与えてくれるものだと思うからです。

「死の思索」は、チベットの伝統に由来する瞑想であり、無常の意味についての集中的な考察でもあります。無常とはもちろん、物事が変化するというごく一般的な考え方です。しかし、実存的な観点からすれば、無常の重要性は、すべてのものが変化するということではなく、私が変化することにあります。実際、この身体は変化し、その変化はいずれ止まる。それが死ということです。

チベット仏教における「死としての無常についての思索」という瞑想には、三つの要素があります。一つ目は、死が唯一確かなものであるという事実を認識すること。未来に起こる確かなことはただ一つしかありません。私たちがいずれ死ぬということです。私たちの考えや計画、いま楽しみにしていることや、恐れていること、それらは何も確実ではない。なぜなら、私たちはそれを経験するために生きているとは限らないからです。

それに対して、私が死ぬということだけは確かです。そしてこの瞑想では、まずその事実について省察します。人間が始まって以来、この地上に生まれてきたすべての存在が、生まれて死んできたという事実を振り返るのです。例外はありません。すべての生きとし生けるものは死を迎えてきました。そうした事実に思いを馳せ、その考えが腑に落ち始め、単なる考えではなく実感となったとき、死が確実なものであるというその感覚に心を落ち着けるのです。それは、あなたの未来において唯一確かなことなのですから。

瞑想の次のステップは、死は確実だが、死の時期はまったく不確実であると認識することです。これは一種のパラドックスです。それが起こるのは確実なことではあるが、それがいつ起こるかはまったく不確かなのですから。私たちの誰もが、明日ここにいるという確証はまったくない。心臓発作を起こすかもしれないし、バスにはねられるかもしれない。私たちは常に存在しなくなる可能性がある。その可能性について瞑想し、反省することの意義は、私たちがまだしばらくは存在するだろうという直感的な確信を弱めることにあります。

こういったことは一般にあまり考慮されていません。一ノ瀬先生は東日本大震災の時に、これが私の最後の瞬間だと感じられたそうですね。

一ノ瀬　はい。

バチェラー　そんなとき、突然そのことに気づく。あるいは、私たちと同じ年齢で、同じように健康な友人がいて、ある日彼らが亡くなったと聞いたときにショックを受ける。こうしたことは人生の本質に組み込まれているものです。

そして瞑想の三つ目の段階は、もし死が確実で、死の時期が不確定であるならば、「私は何をすべきなのか？」あるいは「どう生きるべきか？」ということです。逆説的な話ではありますが、死について考えるとき、その死に対する意識が生に対する意識を高め、向上させることに、徐々に気づき始めます。自分が死すべき存在であり、いつ死んでもおかしくないということを、知的にだけでなく、自分の身体で本当に知ったとき、突然、自分が生きていること、自分がここにいること、自分が呼吸していること、自分が見ていること、自分が聞いていること、自分が嗅いでいること、自分が味わっていること、自分が触れていることに気づくのです。

そう考えると、死の意味、あるいはこの死に関する瞑想の意味は、生きていることの尊さ、特別さ、素晴らしさをより強く意識させることにあるといえます。私たちが普段そのような意識を経験しない理由の一つは、私たちが自分自身の永続性、相対的な永続性についての確信にばかり資源を投じているからだと思います。テレビや看板の広告を見ればわかりますが、私たちは常に死を否定する文化の中にいます。

だから、無常や死に関する瞑想と考察は、生きているという感覚をより豊かで強いものにすることに大いに役立つ一方、倫理の問題の重要性を高めることにもつながります。もし、私の命があとわずかしかここにないのだとしたら、どうすれば精一杯生きることができるだろうか？　人間としての能力を最大限に発揮する生き方とは、どんなものだろうか？

チベット仏教の僧侶として行ったあらゆる瞑想の中で、この瞑想が最も効果的でした。というのも、この瞑想には私の人生を一変させる効果があったからです。それはある意味で、仏法を通じて未来の世代に提供できる視点、根本的に代替的な視点を私たちに与えてくれるものでもあります。もし私たちが本当に死の意味について考えるなら、私たちは違った生き方をすることになると思います。

一ノ瀬　なるほど。「メメント・モリ（死を想え）」というラテン語の有名な格言を思い起こさせます。

バチェラー　その通りです。多くの宗教、例えばキリスト教では、トマス・ア・ケンピス（1379〜1471）の『キリストに倣いて』という中世のテキストに、まったく同じ考察が見られます。また、マルティン・ハイデガー（1889〜1976）でさえ、このような仏教の考えについては何も知らずに、『存在と時間』の中で死について分析しています。

「どう死ぬか」あるいは孤独死の問題

一ノ瀬　佐賀藩士の山本常朝（1659〜1719）が示した日本の武士の世界観に「常住死身（じょうじゅうしにみ）」というのがあります。常住死身とは、突然死することを意識しながら日々を生きること、といった意味です。日本のサムライの中には、いつ死ぬかわからないから、いつ死んでもおかしくないということを認識しておくべきだという発想があります。武士道の考えです。

ただ、一点だけ申し上げてもよろしいでしょうか？　もちろん、メメント・モリや常住死身はとても重要なことです。そして、もし私がそれを受け入れたり、深い意味で考えたりするならば、おそらく人生の意味が変わるかもしれないし、あるいは、改善されるかもしれない。しかし他方で、「どう死ぬのか」という点も、とても深刻な問題ではないでしょうか。

高齢社会において、老衰で死ぬというのは、とても自然で幸せな死に方のように思えるかもしれません。それに対し、戦争や戦闘で殺されるなら、それはとても悲惨な死です。交通事故で死ぬのも悲惨なことだ。また、安楽死やその他の方法で自ら死を選ぶことを望んだ場合、おそらくかなり物議を醸すでしょう。

アメリカで自殺を望む人の中には、自殺を実行する勇気がないため、死刑が許されている州に行く人もいます。そして、非常に恐ろしい犯罪に手を染めることで、死刑になることを望む。これは非常に逆説的な現象です。すごくひねくれた行動ではありますが、実際に行われています。メメント・モリや死の意味について考える場合、こうした死に方の違い、「どのように死ぬのか」という点について考慮する必要もあるように思います。

バチェラー　いろいろな意味で、どのように死ぬかは自分ではどうしようもないことで、多くの場合、ほとんどコントロールできないことです。私の母は死を恐れてはいませんでしたが、死に方を恐れていました。私の義理の母もそうです。

私の母はよく、年をとるのは屈辱的なことだと言っていました。もはや何の権威もなく、自分の人生すらコントロールできなくなる。これはもちろん、本当に恐ろしいことです。彼女は、ヘムロック協会（Hemlock Society）と呼ばれる団体に所属していました。安楽死を合法化しようと運動した人たちです。だから、辱めを受けながら死ぬのではなく、尊厳を持って死ぬことができた。私の義母もそうでした。しかし問題は、健康なうちはそのような考えを持つことができても、老年期に入ると明確に考えることができなくなり、そうした決定を下すことができる法的な責任能力もなくなってしまうということです。これは大きな問題です。

しかしこの問題は、自分の死が確実であることと、その時期が不明であること、そして、いまこの瞬間を精一杯生き自分の人生をより充実させるという実存的な意識とは、まったく異なると思います。もちろん、私たちはあらゆる種類の恐ろしい死に方をする可能性がある。そして、年を取って老人になるのは、確かに楽しみではない。誰もが望むことではないと思う。それが安楽死の問題につながるというのも確かです。

一ノ瀬　恐ろしい死に方ということでは、孤独死についてはどう考えますか？　日本では孤独死がとても増えています。大都市の小さなアパートやマンションに一人で住み、他人との関わりもなく、友人もいない。そして死後、おそらく何カ月も経ってから、誰かが異常なことに気づき、死体が発見される。間違いなく、死ぬ直前に具合が悪くなり苦しむ人もいるはずです。常識的に考えれば、医者や医療機関に行かなければならないのでしょうが、セルフネグレクトですね。自分のことはどうでもよくて、その間に死んでしまう。一人で、誰にも知られずに苦しい思いをして死ぬのだと思います。

バチェラー　欧米でも同じような問題が起きています。このようなことが起こりうる状態は、現代社会における大きな危機の一つです。この種の問題は、いわば私たちの物質的な豊かさや成功がもたらしたものでしょう。ただ、「孤独」を否定的に捉えすぎるのも違うのかもしれません。

『入菩薩行論』の一節に、人は一人で生まれて一人で死に、孤独に生まれて孤独に死ぬ、言い換えれば、私たちの始まりと終わりは孤独の中にある、という見解が見えます。これは私にとって、常に孤独を避けようとするのではなく、どうすれば孤独を受け入れることができるかを学びながら生きていくためのインスピレーションを与えてくれます。瞑想であれ何であれ、孤独を受け入れる方法を学ぶことで、孤独にすぐ抑圧されることなく、自分自身と仲良く付き合うことができるようになるのです。

宗教的な修行というのは、自分自身と折り合いをつけ、孤独な存在に満足できるようになるためのスキルです。孤独を損失だとか失敗だと感じる必要はありません。それが私の感覚です。

一ノ瀬　死に対する孤独感は、カルト宗教の場合に見える興味深い現象と関係しています。カルトの信者たちは、同じ宗教に属する信者たちと一緒に、一斉に自殺することを勧められることがあります。一人で死ぬのが怖いから、一緒に死ぬのではないかな、などと私は感じていますが、どうなのでしょう。

不死のテクノロジー

バチェラー　その通りだと思います。しかし、死が唯一確実なものであるという議論に戻りますが、多くの宗教は基本的に、死は確実かもしれないが、あなたは生き残ることができると教えます。つまり、生まれ変わるということですね。あなたはいま、肉体的には死ぬかもしれないが、その後で浄土や天国に生まれ変わる、といったようにです。

そして、その現代版ともいえるのが、現代のハイテク業界の人々が進めていることです。彼らは、いつの日かAIが人間をコンピューター上にアップロードしてくれるようになり、生身の肉体に依存することなく、シリコンをベースとした人間になれるという考えを持っています。

一ノ瀬　その場合、私の意識はどうなるのでしょう？

バチェラー　一ノ瀬先生の意識はスピリチュアルで特別なものではなく、私は一ノ瀬であるという感覚を生み出している高度に複雑な神経細胞活動の組織であり、ゆえにそれが生身の脳と肉体に根ざしている必要はない、と彼らは主張するでしょう。高度に複雑なアルゴリズムやシリコンチップなどを基盤にすることで、一ノ瀬先生はいまと同じように生きることができるだろうと。

一ノ瀬　私はそんなことは望みませんが……。

バチェラー　私もこんなことはまったく望んでいません。しかし、これが本質的に死を否定するテクノロジーであることは、私にとって興味深いことです。天国に生まれ変わる代わりに、コンピューター化されたシステムに生まれ変わる。特にカリフォルニアでは、非常に知的な人々がこの考えを真剣に受け止めています。

一ノ瀬　仏教の考えからすれば、私たちは常に苦しんでいるわけですよね。そうであれば、もし永遠の命があるとしたら、私たちは永遠に苦しみ続けることになります。

バチェラー　そうですね。だから、私にとっては不死を望むことは意味がない。しかし、この新しいテクノロジーが何よりも示しているのは、人間は死にたくないということです。宗教的な生まれ変わりの考えと同様、基本的には死の恐怖に基づいている。それに対し、私が考える死の意味とは、ある意味で死を超越することです。死について考えることで、死への恐怖を超越することもできるのです。

私たちは死を受け入れることができます。死は単に人生の一部だと認識すればいい。一方に生があり、もう一方に死があるわけではありません。ハイデガーが言ったように、私たちは死に向かう存在として生きているのです。
こうした認識は、自分に対してだけでなく、いま生きている他者にも応用することができると思います。例えば、あなたのパートナーや子どもたち、友人たちに対して、彼らの命もいつ終わるかわからない、彼らも必ず死ぬのだということを考えるのです。そうすることで、他者への感謝や気遣い、愛が深まることを私は発見してきました。
あるいは、身近な人たちだけでなく、私たちが人生で出会うすべての人たち、職場で知り合う人たち、レストランで給仕をしてくれる人たち、誰もが同じような状態にあります。そして、彼らをあまり関心のない存在として扱うのではなく、どんな状況でも目の前にいる存在の、そのはかなさに対する深い愛の感覚を高めることができるでしょう。その一人ひとりを大切にすることができるのです。

一ノ瀬　しかし他方で、キリスト教の伝統においては不死という伝統的な考え方がいまも根強いのではないでしょうか。私の知る限り、天国でも地獄でも魂が不滅であることは、キリスト教の伝統における基本的な考え方の一つです。これについてはどう理解すべきでしょうか。

バチェラー　人が死んだ後に永遠に生きるというのは、私にはとても奇妙な考えに感じられます。ブッダは二つの極端な見解について説明しています。一つはエターナリズム（永遠主義）、もう一つはニヒリズム（虚無主義）です。エターナリズムとは、人間には永遠に生きることへの深い憧れがあるということです。私たちは皆、永遠の存在になりたいと思っている。だから死を恐れるのです。
もう一つの極端な例は、もし人生があまりにも重苦しく感じられた場合、自殺したくなるということです。自殺でなくとも、何らかの形で自分たちの人生を否定したいのです。それはもう一方の極端です。

この二つの中間の道（中道）は、ある意味では自分の無常を認める人生です。しかし同時に、無常な人生にも大きな価値があり、有意義で豊かなもので、他の人たちの手本となりうると認識することで、ある種の虚無主義に陥らないようにすることです。

一ノ瀬　よくわかりました。おそらく、恐山《おそれざん》のイタコのような霊媒というのも、このテーマと関係しているように思います。日本のイタコたちは死者の魂を呼び出し、死者の代わりに話すわけですが、これはキリスト教とはまた異なるかたちで死者を永続させるものだと考えます。

バチェラー　欧米でも似たようなことは行われています。彼らは死者と交信できる能力を持っているという。あなたが先に亡くなった夫や妻、あるいは子どもと話をしたいと思った場合、そのシャーマンのような人のところに行くと、彼らは死んだ人の声で話し始める。日本の例とまったく同じですが、ただ、死者と出会うための特別な場所は存在しません。

一ノ瀬　それを本当に信じている人がいるのですか？

バチェラー　科学的な訓練を受けた人々のほとんどは、これを非常に疑わしいと考えるでしょう。しかしこれを深く信じている人は少なくありません。そして、この営みは人々の切望に応えています。人は本当に死ぬわけではないという安心を与えています。

亡くなった人はあの世に行っても、まだあなたとコミュニケーションができる。それは、死者の個性に対する強い執着であり、それを手放したくないということだと思います。亡くなったことを受け入れたくない。

直感的に、私たちは自分が肉体や精神に還元されるものではなく、もっと永続的で永遠的な存在だと感じている。宗教は、そうした感覚を慰めるためのプロセスなのでしょう。夫や妻、父や母があの世にいるということを示してくれる媒体を通して、私たちを安心させるのです。けれど、近代的な教育を受けた私たちの社会では、そのようなことを信じられる人はますます少なくなっているのではないでしょうか。

それはある種の絶望、つまり、自分の人格という点では死が最終的なものだろうという感覚にもつながると思う。しかし、私が死んだ後も私の行動がなお影響を持ち続けるという点では、死は最終的なものではありません。ジョン・ロックが死後数百年経っても一ノ瀬先生に影響を与え続けているように、私の生き方の結果は別の人生にも続いていくのでしょう。

一ノ瀬　ジョン・ロックの主張の真意について、現代に生きる私が改めて発見したことによって、彼に対する見方が変わる。21世紀に、私によって主張の真意が改めて解釈された哲学者になるのです。そういう意味でロックはいまもなお変化することができる。ということは、ロックは何らかの形で存在していることになります。こういう、そのもの自身には何の変化もないのに、外部的な記述や評価や比較によって属性が変わってしまうという、そういう変化概念は、「ケンブリッジ変化」と呼ばれています。ピーター・ギーチが導入したものでしたでしょうか。死者の属性が、時間的な後にその死者に帰せられる記述によって変化する、という捉え方は興味深いですね。

他者の倫理学

一ノ瀬　死者に関する議論は、おそらく「他者とどう出会うか」「他者とどう生きるか」という問いを呼び起こすものと思います。他者という概念は、狭く捉えれば現存する人間のことに限られます。しかし、人間以外の生命体や、生命体ではない物体もまた、他者の一種として把握されることもあります。のみならず、すでに死んだ人間や未来の人間も含めて、他者の領域や視点を広げることができます。人間以外の死んだ存在や、未来の生命や物体もそこに含まれうるでしょう。

こうした他者との関わり方について考える上では、そもそも私たちは他者を本当に理解できるのか、という根本的な問題についても検討しておく必要があるでしょう。例えば、目の前の水のボトルが緑色だとする。しかし、この「緑」という私の理解は、ほかの人たちの「緑」の感覚や体験と必ずしも同じではないかもしれません。といいますか、同じかどうか、確かめる術がありません。

こうした問題はクオリアという用語で論じられます。クオリアとは、感情や経験の私的な性質のことです。クオリアの観点からすると、私たちは原理的に、お互いを真に理解することは不可能だといえます。つまり、私のクオリアである緑色と、あなたのクオリアである緑色はまったく違うということですね。いや、そもそも比較することができないはずなのです。にもかかわらず、なぜか私たちは「緑」という色彩についてコミュニケーションすることが容易にできてしまう。

ルートヴィヒ・ウィトゲンシュタイン（１８８９〜１９５１）をはじめとする20世紀以降の哲学者たちは、言語現象に訴えることでこの問題を解決しようとしました。つまり、個々の経験は言語表現においてのみ意味をなす、ということです。言語表現について、私たちはその表現を超えた外部世界にその表現の因果的起源となる客観的実在が、あるいはその言語の指示対象となる何か、伝統的に「観念」と呼ばれる何かが私たちの心の中にあると想像してしまうのです。しかし、ウィトゲンシュタインによれば、そんなものは存在しない。存在するのは言語表現だけなのです。コミュニケーションを行うとき、私たちは言語表現などを通して互いに意思疎通ができると仮定する。そして、私たちは実際にコミュニケーションに成功する。この点でいえば、クオリアという私的な感覚や経験について論じることは疑似問題だと見なされます。

バチェラー　そうですね、私が知る限り、仏教哲学ではそのような問いは生じません。なぜ生じないのか、答えるのは難しい問いです。しかし、おそらくは人間が苦悩にどう適切に対応するかという問題に、本当に関わる問いだとは思われてこなかったからでしょう。この種の問いは興味深いが、個々人の苦悩の問題とはあまり関係がない。

エマニュエル・レヴィナス（1906〜95）という哲学者は、クオリアを論じる人々やウィトゲンシュタインなどに比べて、他者との関係に強い関心を持っていました。レヴィナスと彼の倫理学の出発点は、あなたが相手の顔に出会ったとき、あなたが何を認識するかというところにあります。あなたがその人に対して何かを話したり、その人のことを知ったりする以前の段階ですら、あなたに対する相手からの「呼びかけ」があなたに向けられているのを認識することが大事なのだと。その呼びかけは、「私を傷つけないでください」というものです。

一ノ瀬　相手が私に傷つけられる可能性を認識するということですね。

バチェラー　そうです。レヴィナスは倫理の基礎、倫理の出発点を効果的に確立しようと試みましたが、彼にとってそれは、完全に他なる存在である他者との出会いにありました。あなたは相手の心の中で何が起こっているのかを知りえないが、同時に、言葉ではなく一種の訴えとして、あなたはいま何かを語っている存在に直面しているのであると。

これは、観音菩薩は世界中の人々の叫びや呼びかけに耳を傾ける者である、という考えを思い起こさせます。観音の慈悲とは、苦悩する世界の呼びかけを聞くことができるように、自分の耳を通して心を開く能力のことです。逆にいえば、あなたが他の人に出会うとき、その相手があなたからの呼びかけを聞くことも意味します。

そして、レヴィナスが問題にしたのは、ある意味で私たちの耳が聞こえなくなっているということです。私たちは倫理的に耳が遠くなり、その呼びかけを聞くことができなくなっている。だから私はそこから始めたい。私たちが他者と共にどう生きるか、という問いは、他者との出会いの中に存在する無言の呼びかけを聞くために、私たちの耳と心を開くことから始める、ということではないでしょうか。

レヴィナスはこの問いを、人間を超えたものにはしていませんが、私は飼い猫と接するたびによく考えます。私は猫と接するたびに、私が猫を見て、猫が私を見ていることにとても魅了される。他人であれ動物であれ、その顔には、その人や動物が生き物であるというほとんど第一義的な感覚を研ぎ澄ますための、重要な機会や可能性が与えられているような気がするのです。

そしてこのことは、相手との親密さの感覚というものに通じてくると思います。パートナーや親しい友人など、親密な関係にある人の目を見るとき、それは見知らぬ人の目を見るのとは違った性質を持つ。あなたと親密な関係にある人は、あなたに対するためらいや、何かを隠したいという願望を手放した人なのです。親しい友人とのあいだでは、仮面が取り除かれる。仮面はときに、私たちが喜んで外すものなのです。これは他者との交流の中でよりオープンになること、より傷つきやすくなること、より弱くなることを厭わない、という状態でしょう。

一ノ瀬　それはパーソン（人）という言葉の本来の意味に即した倫理的な関係性だと思います。パーソン（person）とは、互いの声や口調を通して、呼びかけや聴き取りの対象となるものです。個人

(individual) は西洋の伝統の中で最も基本的な概念の一つですが、パーソンもまた人間を示すキーワードとして機能します。いまの話は、このうちパーソンという概念の本来の意味と完全に合致しています。

バチェラー　もう一人、マルティン・ブーバー(1878~1965)というユダヤ人の哲学者がいます。彼は二つの主要な関係のあり方を区別したことで知られています。「我 - 汝」関係と「我 - それ」関係です。彼にとって倫理とは、私たちが「我 - 汝」関係に入る能力を前提としている。つまり、二人の人間どうしの関係である。

相手を「汝」ではなく「それ」に変えてしまうことで、倫理が失われてしまうと彼は考えます。私たちは、必ずしも意識的にそうしているわけではありませんが、例えば、レストランで給仕をしてくれる人たちや、アフリカやパレスチナやどこかにいる何も知らない人たちなど、私たちがあまり気にかけていない人たちとの関係において、もう一人の自分としての「我」が存在するという感覚を失いがちです。

だからブーバーは、「我 - 汝」の優位性を主張するのです。そしてこれは、イマヌエル・カント(1724~1804年)が彼の倫理学において、他者を手段ではなく目的として扱わなければならないと語ったことを彷彿とさせます。言い換えれば、相手を自分の目的のための手段として扱ってしまう傾向に抵抗するということです。相手を目的ではなく手段として扱うことは、最も粗雑な意味での搾取の基本ですが、私たちの生活のあらゆる場面で行われていることでもあります。

カントは、あなたが他人と接する際には、その人を自分の目的のための手段とするのではなく、その人自身を目的として扱うことが重要だと主張します。これらの考え方は、私が倫理というものを理解する上でとても役に立ちました。正直なところ、仏教の考え方よりも役に立ったといえます。

私にとって自分自身が手段ではなく目的であるように、あなたも手段ではなく目的である。だから私は人を殺してはいけないし、人に人を殺させてはいけない。ほとんどの宗教に見られるこうした考え方は、他者と共にどう生きるかという問いに対する答えでもあると思います。つまり、私たちが根本的に他者とどのような関係を築き、どのように他者を認識し、どのように他者と接するのかということなのです。

一ノ瀬　いまの話を聞いて、日本語の代名詞の面白い使い方を思い出しました。普通、「じぶん」は「私」という意味です。でも大阪弁では、「じぶん」は「あなた」を意味することもあります。「じぶんそれでいいの?」。つまり、「じぶん」は本来「私」を意味するのだが、「じぶん」は「あなた」を意味することもある。おそらくこのような言語現象は、いまの話と似たような構造を持っているのでしょう。

バチェラー　私が参照した『入菩提行論』には、自己と他者を交換するという修行法について書かれています。一種の思考実験として、「私」というときに意識的に自分のことを考えず、相手のことを想像してみるのです。あるいはその逆のことを相手に対して行ってみる。相手を私だと思い、自分を相手だと思うのです。

これはやや知的な運動といえます。チベットの伝統では、それを瞑想の形に変えて実践しようとするわけです。

一ノ瀬　それはとても興味深いお話ですね。不思議なことに、このような人称の逆転現象は東京では起こりません。しかし大阪や広島などの言葉遣いでは起こります。おそらく、東京では個人(individual)という概念が支配的なのに対し、日本の他の地域では人(person)という概念が支配的だからなのかな、などと想像しています。探ってみるとおもしろいテーマかもしれません。

バチェラー　ただ、他者を自己と同じように理解し尊重するというのは、もちろん簡単なことではありません。私の実体験から、一つの例を挙げたいと思います。これは何年も前のことですが、私はベルリンで開催された仏教をテーマとする会議に出席していました。その会議に来ていたのが、ペトラ・ケリーという女性でした。

彼女はドイツの緑の党の創設者の一人であり、ドイツでとても著名な政治家で、彼女のパートナーはドイツ軍の元将軍のゲルト・バスティアンでした。彼は軍事関係者ながら平和活動に取り組んでいました。そして、私と彼らはたまたま同じ出版社から本を出すところでしたので、出版社で会ったあと一緒に夕食へ行き、素晴らしい夜を過ごしました。この二人が情熱的かつ楽観主義に満ち、あらゆるプロジェクトに尽力していることに感銘を受けました。彼らの政治的な活動家としての姿勢に、私はいつも敬服していました。

それから約一カ月後、私は出版社の担当者と共にカリフォルニアにいました。そして、ペトラ・ケリーと彼女の夫が共に亡くなったことを新聞で読んで知ったのです。私がベルリンで会った三、四日後に彼らは家に帰り、彼は彼女を銃で撃って自殺したのです。私にとって、それは非常に衝撃的な出来事でした。私の経験では、そのようなことが起きる可能性は考えられなかったからです。彼らの人生には、まったく立ち入ることのできない何かがあったのだといえます。

そしてそれは、私たちがいかに自分を隠すことに長けているかを教えてくれるものでした。自分の現実に対する感覚が、いろいろな意味で完全に間違っていたということを痛感しました。それから数カ月後、この出来事について本を書いているイギリス人作家がいて、彼女は私に会いに来てくれました。私が仏教に通じていることから、自殺した夫婦について、他の誰も気づかなかったことに気づいていたかもしれないと期待して、私に会いに来たのです。

しかし、私は何も気づきませんでした。私の仏教や瞑想は、まったく何の違いも生んでいませんでした。

私たちは他者を誤解します。私たち自身も含めて、人はしばしば自分の人生で実際に起こっていることを隠したり曖昧にしたりすることに長けているからです。そのことには誰も気づかないし、友人たちも誰も気づけない。私たちが誰かに会ったとしても、その全貌を知ることはできません。あの夫婦は何かについて非常に苦しんでいたに違いない。しかし、それは目に見えないものです。

「信念の倫理」とブッダの教え

一ノ瀬　それは非常に衝撃的な出来事でしたね。他者理解の困難さを突きつけられます。また、これは自分が信じていることと、その信念についてよく吟味すること、そしてその信念がもたらす結果についてどう考えるべきかという問いを導くのではないかと思います。

私は、ウィリアム・キングドン・クリフォード（１８４５〜79）が提起した非常に興味深い哲学的議論を研究したことがあります。彼はケンブリッジの数学者であり、哲学者でもあった。彼は「信念の倫理」と呼ばれるアイデアを提唱しました。

彼によれば、何であれ、それがどのようなものであるかを注意深く吟味せず軽々しく信じて、その後に何らかの損害が発生するような場合、不注意に行うこと、つまり十分な考察を欠いたり、散漫に何かを確認したりすることは、道徳的に非難される可能性があるとされます。これが「信念の倫理」です。例えば、ある船のオーナーは、その船が非常に古く、おそらくメンテナンスが必要であることを最初は理解していた。しかし彼は、台風やハリケーンが来ても何とかやり過ごしてきたからとして、しっかりと安全性を点検せずに、大丈夫だと思ってしまった。それが彼の「信念」だったわけです。しかしその船は難破し、多くの乗客が亡くなってしまう。この場合、クリフォードによれば、オーナーの不作為や過失は道徳的に非難されるべき事柄となります。

しかし、このような議論は多くの論争や議論を引き起こしてきました。特に、アメリカの有名な哲学者であるウィリアム・ジェイムズ（1842〜1910）は、クリフォードの議論に対して批判的です。宗教的信念のすべての場合において、私たちはその根拠や証拠などを注意深く吟味することはない。ゆえに、クリフォードの『信念の論理』によれば、すべての宗教的信念は道徳的に非難されるべきものとなる。ジェイムズによれば、それはナンセンスだというわけです。

「信念の倫理」は、何かを信じるプロセスに焦点を当てている。クリフォードによれば、私たちは正しい信念を持つために、何らかの証拠や根拠をきちんと確認し、考慮しなければなりませんが、時にはそれを見逃してしまうことがあります。しかし、クリフォードに従えば、私たちはいついかなる場合にも、自身の信念に関わる証拠や根拠を注意深く検証し、そうした検証を怠らないようにしなければならない。同じことは宗教的信念の場合にも適用されます。

ある宗教を信じ始めるとき、私たちは通常、その信念の基盤となる証拠を注意深くチェックしません。だからジェイムズによれば、クリフォードの議論を受け入れるなら、私たちは宗教的な発想や教説を信じるたびに道徳的に非難されなければならないことになってしまう。そんな馬鹿げた話はないのではないかと。

バチェラー　なるほど。しかし、初期仏教の伝統の中に、チベット人がよく使う一節があります。ブッダはこう言っています。金細工師が（素材となる）金属片が本当に金かどうかを調べるように、私の教えを調べるべきだ。そして、私を信仰しているからといって、私の言うことを何も疑いもせず受け入れてはならないと。ブッダである私が言うのだからといって鵜呑みにしてはならない。金をテストするように、徹底的にテストしてからでなければならない、というわけです。これは「信念の倫理」と同じ主張ではないでしょうか。

一ノ瀬　確かにそれは「信念の倫理」に当てはまると思います。しかしジェイムズは、宗教的な信念は通常そうではないと述べています。クリフォードが論じるようなことに宗教もまた従おうと望むなら、最終的な信念に到達することは不可能ではないでしょうか。

バチェラー　ええ、もちろんです。そうした議論をあまりにも文字通りに受け取るなら、仏教を実践することはできないでしょう。しかし重要なのは、盲信的に物事を受け入れてはいけないということです。自分が検討できる範囲で、自分の信じる宗教が合理的かどうかを検討すべきです。それは証拠に裏打ちされたものかどうか？　インド仏教には、弁証法や議論、論証を用いるという強い伝統があります。テキストに書かれていることをよく調べるべきだ、と。

一ノ瀬　つまり、仏教は「信念の倫理」との互換性があるということですね。この点では、キリスト教と仏教はだいぶ違うということでしょうか？

バチェラー　トマス・アクィナスなどは神の存在について論証を試みていますが、それらはあまり良い論証ではありません。仏教は、超越的な究極の現実について悟りを得ることではなく、苦しみに対して賢く、親切に、思いやりをもって対応しようとする実践的な生き方です。そしてその本質は、真実かどうかということよりも、うまくいくかどうかということなのです。ある意味で仏教は、ジェイムズのように、ある種のプラグマティズムを提唱しているのだと思います。何が真実であるかに焦点を当てるのではなく、実際に効果的であること、効果があることを実践的に示すことに焦点を当てるのです。

これはソクラテスのいうエレンコスにも重なります。エレンコスとは、いわばテストのことです。ソクラテスは、他の人々と関わっているとき、彼らが信じている物事が実際に批判に耐えられるかどうかを確かめるために、彼らをひたすら追い込みます。もちろん、彼はこれを自分自身にも適用している。この精力的な探求は、それが本物の金かどうかを確かめるためにきちんとテストするという考えに非常に近い。

歴史上のブッダもまた、ソクラテスと同じく、これがうまくいくかどうか試してみようといったのです。私が悟りを開いているからといって、無批判に信じるなと。しかしながら、仏教の歴史はしばしば、仏陀を完璧な存在にする方向へ、つまり、決して欠点がなく、完璧に賢明で、慈悲深く、それゆえに無条件に信頼や信仰をすべき存在にする方向へと向かってきたと思います。歴史上のブッダは自分自身をそのようには表現していません。

一ノ瀬　ブッダの立場がよくわかりました。しかし、普通の人がそのようなチェックや確認をするのはとても難しいことだと思います。

バチェラー　難しいですが、不可能ではありません。それに、程度もあると思います。つまり、人それぞれに、もう十分だ、十分に納得したと思うポイントがあるはずです。十分なテストをした、十分な瞑想をした、そうすることで私は、現代哲学で正当化された信念と呼ばれるものを持つことができます。確信があるわけではないけれど、自分が信じていることを正当化できるだけの証拠がある。そしておそらく、いまの議論で求めているのは、確実性ではなく、正当化された信念なのだと思います。合理性や十分な証拠があるかどうかという意味での正当化です。

一ノ瀬　より正確に、「信念の倫理」についてスタンフォード百科事典が説明している内容をごく一部だけ引用しておきます。この議論における中心的な問題は、信念の形成、維持、放棄といった私たちの習慣を支配する、ある種の規範が存在するかどうかということです。十分な証拠がないにもかかわらず信念を持ち続けることは、道徳的に間違っているのだろうか、あるいは認識論的に不合理なことなのだろうか、あるいは実践的に軽率なことなのだろうか、といった問題です。この点が「信念の倫理」の核心的な問題意識です。

さらに、そういった事柄の正否を誰が判断するのか、というのも大きな問題となります。それは倫理学と認識論の交わる領域をめぐる長い議論の歴史の出発点となっています。

対話と伝統

バチェラー　ここまで議論してきて、一ノ瀬先生は仏教に対してオープンで、共感的だということがよくわかります。これは西洋的な哲学の伝統に属している専門家としては珍しいことだと思います。それは、一ノ瀬先生が仏教の伝統にも同時に属しているからなのでしょう。

ケンブリッジやオックスフォードにいる哲学者や倫理学者たちのほとんどは、仏教にまったく興味がないと断言できます。どちらかというと、かなり懐疑的です。奇妙な外国の宗教だと考えている。だから私は、英米の伝統的な哲学者たちと会話をしていても、あまり充実感がない。というのも、彼らは仏教の視点を真剣に受け止めようとせず、ある種の疑念を抱いているからです。

それに対して、一ノ瀬先生には仏教の伝統に対する深い尊敬とまではいかなくても、共感があり、また仏教文化に対する一種の身体的な理解があり、それでいて西洋の哲学的な視点も持ち合わせています。このような出会いと対話に非常に感謝しています。

一ノ瀬　ありがとうございます。この対話を前にして、私は当初、本当に緊張していました。というのも、私は日本で生まれ、先祖は仏教のお寺に葬られていますし、京都などにある有名なお寺や神社を訪れるのが大好きですが、仏教の学者ではなく、西洋哲学、特に英米哲学をおもに研究する人間だからです。

けれど実際に対話が始まってしまえばリラックスできました。なぜならバチェラー先生はまさに英国紳士である一方、私よりもはるかに仏教に関する幅広い知識を持っている。また、もちろん西洋の考え方にも精通しています。こうした背景や知識を持つ方との対話はとても楽しいものでした。

今回の対話を通して、仏教には西洋哲学と共通する部分がたくさんあることに驚きました。これまで、そのようなことは想像もできませんでした。ですから、仏教と哲学が調和可能なことを発見できたのは、とてもうれしい驚きです。この対話に参加できたことに、本当に感謝しています。

第2章

スティーブン・バチェラー論

——世俗仏教の思想とその可能性

碧海寿広
武蔵野大学文学部教授

私にとって世俗仏教とは、アジア仏教の伝統的な形式を単にモダニズム的に再構成したものではない。もっとラディカルなものである。それは仏教の伝統の根源に立ち返り、仏教を根本から考え直そうとしているのだ（*1）。

【一】はじめに

スティーブン・バチェラーは現代の西洋世界で最も影響力の大きな——それゆえ批判も少なくない——仏教者の一人である。彼の多数の英語著作は欧州を中心に各国語（フランス、ドイツ、オランダ、イタリア、スペイン、ポルトガル、韓国など）で翻訳されている。だが、彼の存在や著作について知る人は、日本では極めて限られており、仏教研究者のあいだでも知名度が高いとは決して言えない。

これまで日本国内での紹介がなされてこなかったわけではない。初期の主著 *Buddhism Without Beliefs*（1997）の日本語訳が、藤田一照の翻訳で2002年に刊行されており、そこには訳者による親愛の念のこもった解説も付されている（*2）。ただし、同訳書はあまり広く読まれているとはいえず、版元の倒産もあって現在はほとんど流通していない。

日本では一般に、インドや中国での歴史上のそれを除いては、国外の仏教にあまり関心が持たれない傾向がある。仏教研究者のあいだですらそうだ。かろうじて、東南アジアや中国をフィールドとする文化人類学者らが、日本以外の現代アジアの仏教事情によく通じている。そういった状況下で、欧州を拠点とするバチェラーの先端的な仏教論に、日本で注目が集まってこなかったのは当然ともいえる。

しかし、これまで約40年間にわたり展開され、少なからぬ支持や反感を集めてきた彼の斬新な仏教論、とりわけその「世俗仏教（secular Buddhism）」論については、日本でも真正面からの吟味や検討がなされるべきだと筆者は考える。少なくとも広義の仏教研究に関わる人間であれば、その概要を知っておく必要がある。その理由は大きく分けて二つある。

第一に、バチェラーの提唱する世俗仏教が、現代のグローバルな仏教理解の一つのスタンダードを示しているからである。世俗仏教の内実については後述するが、その要点の一つは、現在の先進国で暮らす人々の最大公約数的な教養や感性に、ごく適合的であるというところにある。とりわけ、いわゆるマインドフルネス（宗教性を抜いた世俗的な瞑想法）を生活に取り入れている人々にとって、非常に腑に落ちやすい仏教の捉え方を明示している。特定の地域の伝統や宗派の固有性に縛られることの少ない、現代における最も普遍的な仏教のかたちとは何か。こうしたテーマについて考える上で、バチェラーが構築してきた世俗仏教は、おそらく最重要の事例の一つである。

第二に、日本仏教の特徴について再検討する際、バチェラーの世俗仏教の思想は、啓発的な導きの糸となってくれる。私見では、日本の仏教は世界の各種の仏教の中でも世俗性が強い。これは最近になって始まったことではなく、歴史的に見ても世俗的なものに染まりやすいのが日本の仏教の特徴だと思われる。したがって、バチェラーの議論についてよく検討することは、日本仏教の世俗性を問い直すための方途《ほうと》にもなりうる。

もちろん、昨今の西洋的な世界観を背景に形成されたバチェラーの世俗仏教と、東アジアの思想や文化の伝統の中で培われてきた日本仏教とでは、まるで異質な部分も少なくない。とはいえ、いずれも世俗的な傾向性を有しながら、その発現の仕方が微妙に異なる仏教の複数の系統を比較することで、仏教の多様性や可能性が見通しやすくなるというのも確かだろう。

本章では以下、バチェラーの仏教観がいかに確立されてきたのかを跡付けた上で、彼の世俗仏教の思想について概説する。さらに、主として伝統仏教の方面からなされる、世俗仏教に対する批判的な意見についてまとめた後、こうした一連の議論が、現代日本の読者に対して何を示唆しうるのかを論じる。

【二】思想形成に至る道

バチェラーの来歴については、ホームページ上で本人が語っており（*3）、またそれ以上に、2010年に刊行された自伝的な著作において詳述されている（*4）。これらに基づき、その思想形成の過程を確認しよう。

スティーブン・バチェラーは1953年にスコットランドで生まれた。57年に両親と共にカナダへ移住したが、翌年に両親が離婚して英国に戻り、ロンドンに近い郊外の町ワットフォードで育つ。母方の祖母はウエズリアン教会の牧師の娘だったが、祖父のほうは宗教を小馬鹿にしており、母はこのうち祖父の見方を採用してヒューマニストを自任した。この母の影響下で、少年時代のバチェラーは教会に通わず、学校での『聖書』の授業も免除されていた。

地元のグラマー・スクール（中等教育機関）に通っていた10代の頃、彼は当時の欧米で流行していたカウンターカルチャーの波を真正面から受け止める。学校での退屈な授業を抜け出して、大麻やLSDを用いて新たな意識を体験し、またオルダス・ハックスレーの『知覚の扉』やアラン・ワッツによる禅の入門書、『バガヴァッド・ギーター』や『チベット死者の書』といった当時の精神世界のベストセラー本を読みふけった。

1972年2月、彼は学業から完全に離れてヒッチハイクによるユーラシア大陸の旅へと出発し、やがてインドにたどり着く。ダラムサラでチベット仏教に触れた彼は、人生で初めて自分が真に追究すべき「道」を発見した。74年には得度して僧侶になり、ゲシェ・ガワン・ダージェイ師（1921〜）のもとで修行に努めた。一方、このインド時代には世界的に著名なサティア・ナラヤン・ゴエンカ（1924〜2013）にも師事し、ビルマ仏教に由来するヴィパッサナー瞑想を習得している。

その後、スイスに創設されたチベット仏教の僧院へ移り、ゲシェ・ラプテン師（1921～86）の指導下で修行を続けた。他方で、1970年代末までに現代西洋の現象学や実存主義の著作にも親しむようになり、とりわけマルティン・ハイデガー（1889～1976）の哲学にのめり込んでいった。この頃にフリブールで開かれたエマニュエル・レヴィナス（1909～95）の講演会に、友人と連れ立って訪れてもいる。

加えて、マルティン・ブーバーやパウル・ティリッヒ、ルドルフ・ブルトマンら、キリスト教の神学者たちの著作にも影響を受けるようになったバチェラーは、伝統的なチベット仏教の教説のあり方に疑問を抱くようになった。そこで、伝統的な理解とは異なる自身の仏教思想を明確化するためにも、「仏教の実存的基礎」についての論考を1980年のハンブルクで書き上げた（*5）。現代人のための世俗化された宗教の形態を模索したこの原稿は、彼の最初の本 *Alone With Others*（1983）となる。

1981年、彼は韓国の曹溪宗の僧院を訪れ、九山師のもとで禅の修行を開始した。この韓国での修学は約3年間に及んだ。禅の、物事の本質を真っ直ぐに尋ねてくる問答――What is it?――は、彼にとってはハイデガーによる「存在の問い」を想起させるものであった（*6）。とはいえ、やはり伝統的な仏教の形態に満足できなかったバチェラーは、九山師の死去を契機として、85年に僧侶をやめ、以後は俗人として仏教の探究を続けることにした。その際、韓国の同じ禅寺で修行する尼僧であったマーティン（フランス出身）も一緒に還俗し、二人は香港で結婚する。

それから英国へ戻った彼は、本の執筆や雑誌への寄稿のほか、仏教瞑想の指導者や監獄教誨師としての活動に勤しむようになった。そうした活動に取り組んでいくうちに、彼は僧侶と俗人の区別というのは、現代ではもはや妥当性を欠くと認識するに至る（*7）。というのも、彼の本を読んだり瞑想の指導を受けたりする人々の大半は、仕事や家庭を持つ十分に教養のある人々で、余暇に哲学や宗教についての関心を満たしたいと望んでいるが、出家して僧侶になりたいという願いはまったく持っていない。その一方で、従来の伝統仏教に見える在家信徒たちの行動（仏教儀礼への受動的な参加や寄進など）は、表面的で迷信じみているように感じられる。既存の出家と在家の区別とは異なる、現代の俗人のための新たな仏教が求められているのではないか。バチェラーはそう考えた。

そうした想定に基づき、彼は仏教の根源であるブッダの教えや生涯を、パーリ仏典をおもな典拠として改めて読み直していった。その結果、次のような境地に達する。

仏教は私にとって、行為と責任の哲学となった。それは価値観や考え方、実践のための枠組みを提供し、その枠組みは、人生の道を切り開き、人として自分がどうあるべきかを定義し、行動し、リスクを冒し、物事を違った角度から想像し、芸術を生み出すための能力を養ってくれる。ゴータマ〔ブッダ〕の教えがインドの宗教思想に固定された状態から解放され、彼自身の人生がどのような時代的文脈の中で展開されたのかを理解すればするほど、世俗化やグローバル化が進む現代において、私が応用できる生き方の型（テンプレート）も見えてくる。

こうした見識から、彼は世俗的な現代社会に生きる人々の実感に即した仏教書の数々を刊行していった。特に１９９７年に出版されベストセラーとなり10カ国語に翻訳された *Buddhism Without Beliefs* には大きな反響があったが、それ以外にも刺激的な内容の本が少なくない。それらの著作から読み取れる世俗仏教の内実について、次節で検討する。

【三】世俗仏教とは何か

コンピューターのアナロジーを用いれば、伝統仏教の各宗派は同じオペレーティングシステム（ＯＳ）の上で動作する様々なソフトウェアだとバチェラーは述べる（＊8）。チベット仏教、上座部、禅、真宗などそれぞれ形態や機能の異なるソフトウェアが存在するが、その基盤となるＯＳとしての仏教は同一なのであると。それに対し、世俗仏教はこのＯＳそのもののアップデートを目指すのだと彼は主張する。

いかなるアップデートか。それは、信仰（belief）ベースの仏教から実践（praxis）ベースの仏教への移行である（＊9）。すなわち、仏典の言葉を読んだり聞いたりする際、その言葉が真実かどうかを問うのではなく、それが現在の自分にとってどのように役に立つのかを考えること。これが世俗仏教のベースとなる、仏教に対する基本的な態度である。

そうした態度に従えば、例えば伝統仏教が想定してきた輪廻転生は真実か否かといった問いは、さほど意味を持たなくなる（＊10）。たとえ来世での再生が「証明」されたとしても、それは善人が必ず天国に生まれ変わり、悪人が必ず地獄へ堕ちるということを必ずしも意味しない。ここで重要なのは、自己の生の連続性という信念が、当人の倫理的な行為＝カルマ（業）を導きうるかという一点にある。世俗の仏教徒にとって重要なのは、輪廻転生の真偽を問うことではなく、この私がどのような生き方をすれば善いカルマを積み重ねられるかという、実践的な問いを立てることなのである。

あるいは、仏教瞑想を医療やメンタルヘルスに活かすために改造されたマインドフルネスについて、これを古典的な仏教徒たちは知的劣化や商業主義として批判するが、バチェラーはそうした意見にくみしない。なぜなら、「苦しみを軽減するマインドフルネスの有効性が発見されたことで、仏教は、宗教的信念に覆われて長いあいだ見えなくなっていた世俗的な精神を取り戻すことができたともいえる」のだから（＊11）。信仰ではなく実践という観点から評価すれば、マインドフルネスには十分な意義と可能性が認められるというわけだ。

こうしたマインドフルネスに対する好意的な見方からもわかる通り、仏教は従来それが埋め込まれていた伝統的な世界から解き放たれ、新たな担い手や場所を獲得してこそ真に刷新されるというのが、バチェラーの構想する世俗仏教の揺るがぬ前提である。いわく「既存の宗派のなかで仏教の伝統の改革を試みる人々の活動は賞賛に値するが、私は仏教徒の感性やアイデンティティの真の変化が起こるのは、宗教的な領域よりもむしろ世俗的な領域においてではないかと考えている（＊12）」。

だが、そもそも「世俗的」であるとはいかなることか。彼は次のように説明する。

私はまた、「世俗的」という言葉の語源であるラテン語の *saeculum*、すなわち、「この時代」、「この世紀」、「この世代」という意味を十分に意識して使っている。もし私たちが世俗的であるならば、私たちの一番の関心事は、この世界――つまりはこの地球上に生きているがゆえの個人的・社会的・環境的な経験の質に関係したすべての物事――に関するものだ。したがって、仏教への世俗的なアプローチは、ダルマ（仏法）がいかにして、人間その他の生き物を、仮定された死後の世界ではなく、この生物圏で繁栄させられるかに関心がある。それは個人的な悟りや解脱を強調するものではなく、私たちがこの地球を共有している、すべての存在の苦しみに対する深い配慮と慈悲に根ざしている（＊13）。

つまり、同じ時代に一定の場所を共有している人々の「経験の質」に最大の関心を寄せることが、バチェラーの用いる「世俗的」という言葉の要点だ。換言すれば、大昔からの伝統に固執することや、遠い未来の世界に希望を託すことではなく、「いま・ここ」にある具体的な問題を直視し、その改善に努める態度や所作こそが、世俗的なのである。必然的に、「いま・ここ」の経験の具体性よりも神や仏の超越性を重んじてきた伝統宗教の価値は否定され、あるいは、「いま・ここ」の生き方の改良を差し置いて死後の世界での救済を願うような信仰も、おおよそ棄却されるだろう。

それでは、「いま・ここ」の経験の質を高め、同じ時代を共に生きるものたちへの配慮と慈悲に根ざした実践へと向かうためには、何が必要か。そのアプローチの一つとして、バチェラーは「日常的崇高（the everyday sublime）」という概念を提唱する。それは以下の四つの課題をこなすことで達成される経験だ。

（一）自分の実存的な状況の全体性を開かれた心で受け入れること。
（二）その状況から引き起こされる思考や行動の習慣的な反応のパターンを手放すこと。
（三）そうした反応パターンが静まった瞬間を意識的に大切にすること。
（四）そのような静寂から生まれてくる目の前の状況に、共感的、倫理的、創造的に対応する生き方にコミットすること（＊14）。

「崇高」という言葉からは一般に、個人の日常的な経験を超えた壮大な何かがイメージされる。しかし、ここではむしろ、日常的な経験の内実をどれだけ繊細に感じ取り、その経験の微妙な変化に対して意識的になれるかが問われている。周囲の環境や人々との関係の中で、自己の内面に生じるあらゆる感情や思惟、それらと連動した外的な行為を注意深く観察しつつ、そうした思考や行動をいったん停止させた瞬間の静けさを見失うことのない生き方を徹底させること。これが世俗仏教の指針の一つとして提示される、「日常的崇高」の倫理である。

こうしたバチェラーの思想は、紛れもなく古代インドのブッダが開拓した瞑想による自己省察の技法に根拠づけられている。他方で、近代以降の西洋で展開されてきた思想や哲学、それらと密接に関連した人間像も、著しい影響を及ぼしている。そうした影響についてはバチェラー自身かなり自覚的であり、彼の著作には欧米の哲学者や作家らの思想や見識がたびたび援用される。ブッダの教えや生涯、あるいは禅などの大乗仏教の言葉と、西洋における広義の人文学の言説が、ときには同一の重みをもって論述されるのが、彼の著作の一つの特徴なのだ。

１９８３年に上梓された彼の初の単著、*Alone With Others* からしてその特徴は明瞭である。エピグラフでドストエフスキーの『白痴』からの引用がなされる同書は、ハイデガーの『存在と時間』（原著１９２７年、バチェラーは１９６２年刊行の英訳版を用いている）の用語や発想に一貫して依拠している（＊15）。欲望に満ちた日常に埋没した無自覚的な自己のあり様を反省し、「他者と共にある存在（Being-With-Others）」としての真正な生き方を発見していくその論旨は、まさに『存在と時間』の仏教版といった趣がある。

それから約40年後に書かれた本 *The Art of Solitude*（２０２０）もまた、人間の孤独な実存の意義を論じるにあたり、仏教のみならずモンテーニュの『エセー』からの引用やフェルメールの絵画が与えてくれるインスピレーションに依拠している。なかでも同書で注目すべきは、仏教の究極の目的である「涅槃（Nirvana）」を、19世紀の英国の詩人ジョン・キーツのいう「ネガティブ・ケイパビリティ（不確実性や疑念のただなかにあっても性急に答えを求めない能力）」と重ね合わせる記述である。キーツは仏教のことをまったく知らなかったと断った上で、バチェラーは次のように断言する。

> 涅槃とはネガティブ・ケイパビリティである。反応を手放す――「否定（negating）」する――ことで、人は人生に対するより大きな能力――「ケイパビリティ」――を見出す。涅槃の経験とは、人生で直面する諸状況への想像力豊かな反応を妨げる執着や意見からの解放の経験である。涅槃は道の終点ではな

く、その折り返し地点なのだ（*16）。

通常の理解では、涅槃という悟りの境地は仏教徒が目指すべき到達点であるとされ、達成されるのが生きているあいだであれ死ぬ瞬間であれ、それは「終点」の一種と見なすのが妥当である。しかし、バチェラーはそうした一般的な涅槃の理解を覆し、これを人生の「折り返し地点」における生き方の転換と解釈し、その本質は、キーツが唱えたネガティブ・ケイパビリティと同じだと定義する。非常に独創的な涅槃の解釈だといえる。

こうした涅槃についての独自解釈は、ブッダの生涯に関する彼の再解釈をもとに導かれた。とりわけ、ブッダの修行や瞑想をあの手この手で邪魔しようとし、遂には撃退されたマーラ（悪魔）に対する見方の更新を通して、である。

バチェラーによれば、マーラはブッダの「悪魔の双子（devilish twin）」である（*17）。ブッダが悟りを開くにあたっては、悟りの対極であるマーラを追い払う必要があった。だが、このマーラとの対決は、ブッダが菩提樹の下で悟ったその決定的な時期においてのみ起きたのではない。ブッダは生きているあいだずっと、マーラを拒否する実践を繰り返していたのだ。マーラの我執《がしゅう》があるからこそブッダの無我があり、心乱れるマーラがいるからこそ一心不乱のブッダがいる。両者は表裏一体であり、マーラは悟りを開いた後のブッダにも、そっと付き添い続けた。実のところ、マーラはブッダ自身の葛藤する人間性を表現したものだとバチェラーは理解する。

こうしたマーラの存在に象徴される人間の葛藤や戸惑いは、むろんブッダのみが直面するものではない。それは人間であれば生きている限り誰もが向き合わねばならない対象なのだ。私たちはときに、この種の人間の弱い部分をありのままに受け入れず、「神」や「空」といった扱いやすそうな宗教や哲学の思想を用いて慰めを得ようとする（＊18）。だが、それでは拒絶を試みたのとはまた別のマーラの罠にはまる危険性があるとバチェラーは指摘する。

人間に絶えず付きまとうマーラの罠から逃れるには、いったいどうしたらよいのか。それは「待つこと（waiting）」だと彼は述べる。人は自分がコントロールできない状況に耐えることが苦手で、それゆえすぐに目の前の手近な幻想にしがみつこうとする。だが、それではいつまでたっても心の中の葛藤や戸惑いから自由にはなれない。安易な拠り所を求めるのではなく、葛藤や戸惑いと共に待ち続ける実践こそが、苦境から自由になるための最善の方法なのだ。バチェラーは論じる。

待つことを、自分の尊厳に対する侮辱や時間の無駄としてではなく、涅槃の謎を解くための鍵として考えてみる。人生とは、結局のところ自分ではどうにもできない状況なのだから、待つことは、はかなくて頼りないその状況の性質に見合った対応なのだ。待つという実践は、偶発的な物事の中にある、涅槃的な安楽の境地に安息するための方法を学ぶことである。ただし、それは〔仏教思想の〕空が無ではないのと同様に、受動的に何もしないことではない。それは戸惑いを抱きかかえる注意深さを備えた静寂であり、私たちが人生の成り行きや他者との不可避な出会いに予測不可能な方法で対応するための根拠なのだ（＊19）。

人間をたびたび困らせる、予測も解決も難しい出来事や他者との関係の中に、むしろ「安息する（rest）」ための心や身体の状態を探し出すこと。それが「待つこと」の効用であり、涅槃への道筋であるというわけだ。まさに、ネガティブ・ケイパビリティとしての涅槃論である。

この種の涅槃への道程は、個人が自己完結的に歩むことも可能だろう。しかし、バチェラーはそうした実践的な道を、同時代の人々が共に分かち合うべきだと考える。その上で、同じ道を共にする者たちによる「目覚めの文化（culture of awaking）」が形成されるべきだと主張する（*20）。

悟りを開いたブッダは、安楽の境地に自己完結せずに他者と交わり、その教えや実践の仕方を伝え、そこから原初的な「目覚めの文化」が徐々に広がっていった。そこでは一人ひとりの修行者たちが、ほかの人々の幸福のために放浪することが推奨された。だが時が移ろうにつれ、仏教は制度化された宗教となり、固定的な教義を伝えたり、権威的な階層制度を維持したりすることを自己目的化し、形骸化していった。

それでもなお、仏教はその本源にある「目覚めの文化」の伝統を保ち続け、新たな環境に応じてその可能性を実現してきた。そして現代においては、新たに西洋の自由主義の伝統と接続することで、かつてない「目覚めの文化」が築かれようとしている。それはいかにしてか。バチェラーは次のように述べる。

前近代のアジアに発する仏教の伝統が、近代の自由主義の伝統と対峙することになった今、それぞれが他方に対し、自由をめぐる理解と実践の見方を一新するように求めている。仏教が人々を自らの内なる悪魔から解き放つための心理学的な洞察と瞑想的な実践を提供するように、欧米の自由主義の哲学は、自分で選んだ自由な生き方を制限する政府や宗教から人々を解き放つための、社会的な洞察と政治的な実践を提供する（*21）。

世俗仏教は、個人ごとの経験の改善にとどまるものではない。社会や政治の次元でも、同時代に生きる人々の幸福につながる実践を志すというわけだ。世俗仏教は、いわゆる社会参加仏教（エンゲイジド・ブッディズム（*22））としての側面も有している。

【四】世俗仏教への批判

ここまで、バチェラーの世俗仏教の要旨について論じてきた。実際のところ、彼の思想には幅広い仏教の教説に関する丁寧な再検討や、長い瞑想の経験に基づいた人間の心の働きに関する分析がふんだんに盛り込まれており、要旨だけでその魅力を十分に語り尽くすことはできない。とはいえ、バチェラーが仏教を世俗的にどう刷新しようとしているのかについては、以上の記述からおおよそ把握できるものと思う。翻って以下では、その思想に対する批判的な意見について整理してみたい。

バチェラーの世俗仏教の問題点については、米国の宗教学者（専門は日本仏教）であるリチャード・ペインが編集した論文集 *Secularizing Buddhism*（２０２１）に詳しい（＊23）。同書はバチェラー批判を企図としたものではなく、仏教の世俗化について研究者や仏教者たちが各自の見解を述べている著作だが、複数の論考においてバチェラーへの言及が見られる。バチェラーが、現代の西洋世界における世俗的な仏教論者の代表格と目されていることが示唆されるところだ。同書から世俗仏教に対する批判の内容を確かめてみよう。

世俗仏教は、有機的な全体としてある仏教の教義の中心部を切り捨てており、他方で現代の自然科学に信頼を置きすぎているのではないか（＊24）。米国で活躍する上座部の僧侶ビク・ボーディによるこうした見解は、輪廻転生など自然科学と相性のよくない伝統的な教義に対して懐疑的なバチェラーへの的確な批判となっている。伝統仏教では、カルマの思想と輪廻転生の教義の組み合わせを前提として、涅槃や解脱、あるいは（浄土）往生といった救済論が成立している。バチェラーのように、そこから輪廻転生という構成要素をカッコにくくって脇へ追いやってしまうと、そもそも仏教として成立しなくなる恐れがあるとも考えられるのだ。

ボーディはまた、世俗仏教には伝統仏教をただの「信仰システム」や「精神的な慰め」に還元する、西洋人――とりわけ教養のある中産階級の白人――の傲慢さが透けて見えないだろうかとも鋭く指摘する（＊25）。

もちろん、バチェラーはインドや韓国でアジアの僧侶たちに師事し、僧院での一定期間の修行生活も経験しており、伝統仏教に対する十分な敬意を持っている。しかし他方で、仏教の教説を西洋の実存主義の哲学やネガティブ・ケイパビリティの発想と同列に扱うことに躊躇しない彼の認識には、仏教を特定の地域や民族に固有の文化や伝統として尊重する姿勢が欠けているようにも思える。

あるいは、世俗仏教は仏教の目的を、人間としての繁栄――安定的な幸福、内なる平穏、認識の高まり、人生の課題に対する実践的な知恵――の達成のみにあると考えており、仏教が追求してきた「神聖な境地(state of holiness)」を無視しているのも問題ではないか(*26)。ボーディのこうした見立てもまた、私たちの日常生活を超えた超越的な次元に重きを置かないバチェラーの思想に対する妥当な意見となっていよう。

総じて、仏教がこれまで築き上げてきた伝統からの恣意的な改変が認められること。これが世俗仏教に投げかけられる批判のポイントだといえる。この点についてチベット仏教研究者のフィリップ・テュレンヌは、バチェラーが仏教に対して行っているのは、いわば行き過ぎたチェリー・ピッキング(ある対象の中から自説に都合のよい部分だけを選び取り、提示すること)だと論じている。

彼〔バチェラー〕の対応が仏教徒に突きつける問題は、彼が複数のチェリーの中から選別していることだけでなく、チェリーを完全に拒絶していることにある。仏教の実践と教義から「形而上学」を払い清めた結果、仏教の教義と実践の大半が間違ったものとして廃棄されてしまうのだ(*27)。

ここで「形而上学」というのは、チベット仏教の伝統の中で延々と続けられてきた「空」の思想に関する教学的な議論など、現代人には経験的に理解し難い仏教の哲理を指す。バチェラーはこの種の仏教思想を、自らの考える純粋なダルマ(仏法)とは異質なものとして排除するが、こうした仏教教義の恣意的な選別を断行すれば、歴史的な流れの中にある仏教の本質が消し去られてしまうのではないか、とテュレンヌは懸念するのだ。

さらに、バチェラーに代表される世俗性を強調する仏教の提言は、あくまでも言説上の構築物であって現実に存在するものではないとする、リチャード・ペインの見解もある(＊28)。ペインは、世俗仏教の思想が隆盛してくる背景に、プロテスタンティズムの伝統や1960年代以降のロマン主義的なニューエイジの宗教性があると見る。そして、その大衆化路線での改革志向に基づき、「世俗仏教／伝統仏教」という非対称的な二項対立が戦略的に唱えられているのではないか、と指摘する。

合理的で経験的、民主的で反教権的、進歩的でリベラルといった特徴を意識的に受け入れることで、世俗仏教の特定のイメージが作り出される。同時に、これらの特徴の対極にあるもの——独断と迷信、階層主義と権威主義、停滞と保守——は意識的に拒絶される。そして、これらの特徴は世俗仏教の対極にある伝統仏教に投影される。世俗仏教も伝統仏教も、言説そのものの力学によってレトリック的に構築されたものであり、客観的な実体としてこの世界に存在するものではない(＊29)。

世俗仏教も伝統仏教も「客観的な実体」として存在しないというペインの断定は、現実にバチェラーの思想を支持する層が欧米を中心に一定数おり、また保守的な傾向の強い伝統仏教の宗派や教団もアジアを中心に実在することからして、やや極論に過ぎる。一方で、「世俗仏教」と「伝統仏教」の二者を、まったく異質の対局的なものとして分けるのは無理があるとするペインの認識は、おおよそ妥当なところだろう。そして、バチェラーがしばしば採用する伝統仏教からの離脱としての世俗仏教という語り口が、両者の現実離れした二項対立を際立たせる効果を持ってしまっていることも確かである。

世俗仏教は過度のチェリー・ピッキングであり、伝統仏教の価値を低く見積もった上で切断するための戦略である。世俗仏教に対するこうした批判的な意見について、バチェラーは沈黙を通してきたわけではない。*Buddhism Without Beliefs* がベストセラー化した頃から繰り返されてきたこの種の批判に対して、彼は次のように応えている。

> こうした反論に対して、私はこう指摘するしかない。これまでもずっとそうであった、と。歴史のなかで生まれた仏教の各宗派も、まったく同じことをしてきたのだ。中国の仏教徒が中国人のニーズに最も合うテキストを選んだように、チベットの仏教徒も彼らのニーズに最も合うテキストを選んだ。もし仏教があなたにとって生きた伝統であり、冷たく無機質な事実を求めるのではなく、いま・ここでどういった人生を歩むべきかの手がかりを求めるものであるならば、そうする以外にありえないのではないか。その意味で、私が行っていることは仏教の客観的な研究ではなく、神学（theology）――神（theos）なき神学だが――と呼ぶほかないものであることを告白しよう（＊30）。

非常に潔い応答である。彼によれば、世俗仏教は仏教の客観的な理解を目指す学問的な営みではない。現代を生きる者たちが、自分の生き方を見直し深めるための主観的な実践として、それはあるというのだ。確信犯的とも評せるが、彼も述べている通り、そもそも仏教の歴史は昔から「ずっとそうであった」とも考えられ、彼はそれを最も現代に適したやり方で推進しているともいえる。

このように現代の仏教観の一つとして実に筋の通ったバチェラーの思想は、日本仏教の現状や特質を反省する際にも大いに参考になるだろう。次節でその検討を簡単に行う。

【五】日本仏教の観点から

世俗仏教は「実践ベース」の仏教であるとされるが、日本の仏教もまた、歴史的に実践を大事にしてきた。あるいは、時代ごとの思潮に適した実践を通して、発展や変化を遂げてきたと見なせる。

わかりやすい例が、いわゆる鎌倉新仏教である。その筆頭は法然の浄土宗だ。法然は仏教の古典的な教義や修行の伝統を、末法に生きる凡夫には不要として棄却し、念仏——南無阿弥陀仏を唱える——という唯一の実践に、大衆的な救済の根拠を絞り込んだ。この大胆な選択を引き継いだ人物の一人が親鸞であり、彼は「非僧非俗」をモットーとして、戒律を放棄した仏教史上に類例のない実践の形態を導く。浄土真宗だ。一方、道元は坐禅の意義を再評価して独自の修行システムを形成、曹洞宗として流通させる。また日蓮は『法華経』以外の仏教の系統に対しごく否定的な見識を提示し（四箇格言）、その門弟らにより唱題——南妙法蓮華経を唱える——の実践を中心に据えた日蓮宗が普及した。

これら日本の仏教は、それぞれの時代に生きる人々の「経験の質」に応じて従来の伝統を実践的に改変したものであり、それぞれの時代に特有の「世俗的」な要請に応えた仏教であったとも評せる。ただし、その主要な担い手は、いずれかの特定の宗派に属する僧侶であり、彼らはその宗派の教義や信仰から自由になるのが難しい。また、いずれの宗派の実践も、時の推移とともに同時代の人々の「経験の質」から乖離した伝統と化していったという意味で、これを世俗仏教と位置付けるのは困難である。

それに対し、近代以降の日本では、再び同時代の経験や課題への応答を試みる仏教の思想や実践が、僧侶ではない多数の俗人が主導するかたちで様々に発生してきた（*31）。その代表例は、鈴木大拙による禅（ZEN）の再編とグローバルな宣布や、高楠順次郎を先駆者とする西洋流の仏教学に基づくブッダの生涯と教えの一般社会への伝達だろう。近代日本では親鸞の教えもまた、伝統的な宗派の枠組みを超えた世俗的な思想として再構成され、人気を博した（＊32）。こうした近代仏教の系譜は、まさに日本の文脈で展開した世俗仏教の一種として捉えることが可能だ。

あるいは、日本には「葬式仏教」と総称される、宗派を超えた実践的な仏教の形態が存在する（＊33）。日本での先祖（死者）供養と仏教の密接な結びつきは中世から確認でき、近世に入ると、いわゆる寺檀制度の下でこの結びつきが決定的なものとなる。その葬式仏教の核心は、死者の魂を弔う儀礼を僧侶に行ってもらいたいという、あまりにも実践的な要請であり、宗派的な教義による意味付けや来世観の細かな相違は、さして重要ではない。これは日本において著しく発展した、究極的なまでに実践ベースの仏教の形態である。

葬式仏教は、基本的に儀礼を請け負ってくれる僧侶ありきの実践である。また、「いま・ここ」の生き方を問うことよりも、家族や友人の死後の幸福を願うことにその実践の主眼がある。僧侶という宗教者や、死者の霊魂の存続を前提とする葬式仏教のこうした側面は、世俗的とは言い難い。他方で、仏式の葬儀への参加が導きうる、親しい死者が幸福な状態にあるはずだという信念は、生者の内面に平穏や余裕をもたらし、その心理面での効用を積極的に評価すれば、これは仏教の世俗的な活用と理解しうる。ただし、葬式仏教もまた現代では人々の経験に即した有用性を発揮できているとは必ずしもいえず、数百年にわたり続いたその世俗仏教としての力を喪失しつつあるように思える。

このように、日本仏教の歴史と現在には、仏教にとって世俗的であるとはいかなることかを検討するための材料が、極めて豊かに発見できる。したがって、現代西洋の世俗仏教をめぐる議論に日本の事例を通して参入することや、逆に、欧米での世俗仏教の隆盛を参照しながら日本仏教の思想と実践の意義を改めて考え直すことには、十分な可能性が認められる。

【六】おわりに

バチェラーが長い年月をかけて彫琢《ちょうたく》してきた世俗仏教は、今後の世界でどのように展開していくだろうか。おそらく、キリスト教の影響力が持続的に低下している西洋社会においては、劇的に拡大することはないにせよ、一定の支持者を増やし続けていくものと思われる。特に仏教を狭義の宗教としてではなく、宗教に代わる新たな世界観や、ライフスタイルを改善するための方法（瞑想法）の一種として取り入れる傾向の強い米国では(*34)、信仰を重視しないバチェラーの思想はますます受け入れられていくのではないか。あるいは、欧米に限らず伝統宗教の教義や信仰が衰微する国や地域においては、バチェラーの著作に注目が集まる可能性は十分にありえる。

日本の場合はどうか。前述の通り、近代以降の日本では伝統仏教とは異質の仏教の思想や実践の数々が生まれており、また葬式仏教のような実践にほぼ特化した仏教の形態が、前近代から多々見られる。したがって、新たにバチェラーの世俗仏教を積極的に受容するための土壌はあまりなさそうな印象もある。

とはいえ、これはあくまでも過去の経験を踏まえた見立てである。バチェラーが強調するように、世俗的であることの本義が「この時代」「この世紀」「この世代」にあるとすれば、世俗仏教の可能性は、「いま・ここ」を共に生きている人々の感性や願望を念頭に置くかたちでよく考えていく必要がある。したがって、現代日本においてバチェラーの思想の要点、例えばネガティブ・ケイパビリティとしての涅槃といった発想が、どれだけ魅力や価値を持ちうるか、そういった視点から世俗仏教の内実は吟味されるべきだろう。

日本において、仏教はおよそ1500年という長期間にわたる断続的な変化、発展と衰微を繰り返してきた。その先端である現在に、いわば新進気鋭の思想と実践である世俗仏教がいかに介入しうるのか。その行方を注視することは、「いま・ここ」に存在する私たちの生き方に対する注意深い態度を養うことにもつながるだろう。

◉注

＊1　Stephen Batchelor, *Secular Buddhism: Imagining the Dharma in an Uncertain World*, Yale University Press (2017:160)

＊2　スティーブン・バチェラー『ダルマの実践——現代人のための目覚めと自由への指針』藤田一照訳、四季社（2002）

＊3　https://stephenbatchelor.org/

＊4　Stephen Batchelor, *Confession of a Buddhist Atheist*, Spiegel & Grau (2010)

＊5　Batchelor (2010:58-59)

＊6　Batchelor (2010:67)

＊7　Batchelor (2010:92)

＊8　Batchelor, *Secular Buddhism* (2017:79-80)

＊9　Batchelor (2017:87)

＊10　Batchelor (2017:120-21)

＊11　Batchelor (2017:168)

＊12　Stephen Batchelor, *After Buddhism: Rethinking the Dharma for a Secular Age*, Yale University Press (2015:14)

＊13　Batchelor (2015:16)

＊14　Batchelor (2015:232)

＊15　Stephen Batchelor, *Alone with Others: An Existential Approach to Buddhism*, Grove Press (1983)

＊16　Stephen Batchelor, *The Art of Solitude*, Yale University Press (2020:132)

＊17　Stephen Batchelor, *Living with the Devil: A Meditation on Good and Evil*, Riverhead Books (2004:28)

＊18　Batchelor (2004:114)

＊19　Batchelor (2004:117)

＊20　Batchelor (2004:151-60)

＊21　Batchelor (2004:159-60)

＊22　Sallie B. King, *Socially Engaged Buddhism*, University of Hawai'i Press (2009)

＊23　Richard K. Payne ed., *Secularizing Buddhism: New Perspectives on a Dynamic Tradition*, Shambhala (2021)

＊24　Bikkhu Bodhi, "Manifesting the Buddha Dharma in a Secular Age" in *Secularizing Buddhism* (2021:172)

＊25　Bodhi (2021:173)

＊26　Bodhi (2021:177)

＊27　Philippe Turenne, "Buddhism without a View: A Friendly Conversation with Stephen Batchelor's Secular Buddhism" in *Secularizing Buddhism* (2021:191)

＊28　Richard K. Payne, "Conscious and Unconscious Dynamics in the Secularizing Discourse" in *Secularizing Buddhism* (2021)

＊29　Payne (2021:302)

＊30　Batchelor (2010:181)

＊31　碧海寿広『近代仏教とは何か——その思想と実践』青土社（2024）

＊32　碧海寿広『考える親鸞——「私は間違っている」から始まる思想』新潮選書（2021）

＊33　松尾剛次『葬式仏教の誕生——中世の仏教革命』平凡社新書（2011）、薄井秀夫『葬式仏教——死者と対話する日本人』産経新聞出版（2024）

＊34　ケネス・タナカ『目覚めるアメリカ仏教——現代仏教の新しい未来像』武蔵野大学出版会（2020）、Ann Gleig, *American Dharma: Buddhism Beyond Modernity*, Yale University Press (2019)

第3章

世俗仏教

スティーブン・バチェラー 仏教講師・作家
嵩宣也〈訳〉 龍谷大学世界仏教文化研究センター研究員

【一】

本論において、私は「secular（世俗）」を次の三つが重なる意味として使用する。

第一に「世俗」とは、「宗教」と呼ばれるものと対比、あるいは対立するものである。例えば、神の存在に関するパネルディスカッションで、司会者が「では、この問題について世俗の視点からXさんにお話いただきましょう」という場合、私たちは「世俗」か「宗教」かを正確に定義するまでもなく、その意味を理解できる。

第二に、この語（secular）の語源であるラテン語のsaeculum、つまりは、この時代、この世紀、この世代に応じたということを十分に意識して、この語を使いたい。なお、ここでいう「世俗」とは、この世界について私たちが抱いている懸念、この惑星に生きる私たちの個人的、社会的、環境的な経験の質に関わるすべての物事を指すものと考える。

第三に、この語（secular）を西洋の歴史的・政治的文脈で捉え、ドン・キュピット（Don Cupit）がいう「生活の特定領域に関する権威が、教会から国家という『時代的な権力』に、移譲されること」でもあると考える。キュピットは、過去２００年から３００年の間に、「大規模かつ長期的な世俗化プロセスが、私たちの文化全体を変容させつつあり、宗教の領域は徐々に縮小し、最終的には、人口の大半が宗教を意識することなく一生を終えるようになるだろう」（＊1）と指摘している。

本稿では、「仏教」や「ダルマ」がこれら三つの意味での「世俗」という言葉によって厳密に修飾されたときに、何が起こるかを示す。言い換えれば、非宗教的で現世的な世俗仏教とはどのようなものか。世俗化のプロセスは、どの程度まですでに進行していると考えられるのか。伝統的に理解されてきた仏教は、この過程において、無傷で生き残ることができるのか。あるいは、私たちは、私たちが知る仏教の終焉と、何か新しいものの始まりを目撃しているのか。これらの問いを考えてみたいのだ。

【二】

出生は苦であり、老は苦であり、病は苦であり、死は苦であり、怨憎するものに出会うことは苦であり、愛するものから離れることは苦であり、求めて得られないのは苦である。要するに、これら五蘊《ごうん》が苦である。

（『転法輪経』）（＊2）

私は最近、イギリスにあるヴィパッサナー瞑想センターで、仏教学プログラムの学生たちに講義を行った。講義の冒頭で、学生たちに自己紹介をしてもらい、どうしてこのプログラムに参加したのかを説明してもらった。その中で、ジェーンという若い女性が、大やけどによる痛みの治療を受けた経験を話してくれた。ジェーンは、ステロイド注射を受けるか、マインドフルネス瞑想の八週間コースにするか迷ったそうだ。結局ジェーンは、マインドフルネスを選択し、コースを終えてその効果を実感した。

これは、痛みが奇跡的に消えたという意味ではない。ジェーンは、マインドフルネスという苦痛を劇的に軽減する方法で痛みに向き合い、より充実した生活を送ることができるようになったのだ。つまり、マインドフルネスを疼痛管理の効果的なテクニックとして取り入れたのである。ジェーンのように、学んだ技術が単なる痛みの軽減だけではなく、もっと大きな意味を持つことに気づいた人も少なくないようだ。医療現場でマインドフルネスを導入する医師やセラピストは、仏教への言及を意図的に避けているが、難しい理屈を知らなくても、マインドフルネスが何に由来するのかを知るのは簡単である。Google 検索すれば、マインドフルネスが仏教瞑想の一形態であることがすぐにわかる。

医療としてのマインドフルネスがきっかけで仏教の実践を始めたのは、ジェーンだけではない。近年、私が主催する仏教瞑想コースでは、通常一人か二人の参加者が、「世俗的マインドフルネス」（現在はこう呼ばれている）の実践を深めたいという理由でリトリートに惹かれて参加する。彼らはより充実した瞑想的、哲学的、倫理的な文脈を提供する環境でマインドフルネスを学びたいと考えているのだ。このようなマインドフルネス実践における副産物として、特定の痛みへの対処だけでなく、自己の全存在、すなわち、生老病死、そして、ブッダが苦（dukkha）と呼んだあらゆる苦しみと向き合う新たな視点が開かれていく。

習慣的な思考や感情的な反応に無批判に流されるのではなく、一度立ち止まって自分の経験に注意を向けてみるという、シンプルだが必ずしも簡単ではない一歩を踏み出すことで、心の動きに左右されない内なる自由を垣間見ることができる。この内なる自由の体験こそが、ニルヴァーナ（「涅槃」）そのものを味わうことだというのが私の見解である。

この話は、先に述べた「世俗」という言葉の三つの意味をよく表している。まず第一に、ここでは、マインドフルネスの実践が、宗教とはまったく無関係に紹介され、行われている。第二に、この世界、この時代、この世俗（saeclum）における自分の生活の質に大きく関係している。第三に「領域」についていえば、ジェーンの場合は、イギリスの国民保健サービスが、これまでは「教会」の領域だったものが、「上座部仏教」に置き換わった。しかし、ジェーンや他の人々の例が示すように、世俗的マインドフルネスの実践はこれだけにとどまらない。他の生活領域、中には伝統的に宗教領域だったものへと思いがけない扉を開いた。おそらくマインドフルネスの医療への浸透は、仏教版トロイの木馬のようなものだ。つまり、ひとたびマインドフルネスが受け入れやすい人の心や脳に根付くと、仏教の教え（ダルマ）のミームはウイルス的に、急速に、そして予測できないほど広がっていくのだ。

【三】

ジェーンや他の人々がマインドフルネスの実践を通じて求める仏教は、伝統的に理解され、教えられてきた仏教とはほとんど関係がないかもしれない。ここでいう「伝統仏教」とは、古代インドの宗教的世界観の中で形成された教義体系を指す。「小乗（Hīnayāna）」であれ「大乗（Mahāyāna）」であれ、これらの仏教のあらゆる形態は、究極の目標をニルヴァーナ、すなわち生死と再生の執拗《しつよう》なサイクルを駆り立てる渇愛（taṇhā）の完全な停止に置いている。この渇愛は、貪欲、愚痴、瞋恚《しんい》の根源であり、程度の差こそあれ、人は死後に生まれ変わる（saṃsāra）原因となる行為をしてしまう。ここでは、人間の根本的な問題とその解決方法を仏教の用語で説明してきたが、ヒンドゥー教とジャイナ教も同じ救済の枠組みを共有する。これらのインドの各伝統では、修行者たちが、生と死のサイクルを永続させる仕組みに終止符を打つことで、「無死（amata）」（パーリ語）／「不死（amṛta）ママ」（サンスクリット語）を達成し、救済または解脱を得る。仏教、ヒンドゥー教、ジャイナ教は、同じ目標を達成しようとしており、採用する教義や瞑想、倫理的な方法が異なるだけなのだ。

伝統仏教では、このインドの宗派論的枠組みを疑うことなど考えられないかもしれない。それは、業・輪廻・解脱といった重要な教義を排除することは、仏教の構造そのものを根底から覆すことになるからだ。しかし、インド文化の外側で生まれ育ち、自然科学に馴染んでいる人々にとって、古代インド思想の教義を守らなければ「本当の」ダルマを実践できないといわれても、それは、ほとんど意味をなさない。人々がこのような信仰を受け入れられなくなったのは、それを間違いだと拒絶しているからではない。むしろ、このような見方が、自己や世界の本質について知ること、信じている他のあらゆることとあまりにもかけ離れているからである。ある人たちにとっては、「本当の」ダルマという考えはもう通用しないし、そのような考え方を正当化するために必要な理屈も、こじつけのように思え、多くの人には説得力がないように思える。形而上学的な信念は、（神への信仰と同様に）説得力のある証明も反論もできない。どんなに根拠となる理屈や経験があったとしても、結局は、とにかく信じるしかないのだ。

コンピュータの世界で例えてみよう。伝統仏教の形態は、同じオペレーティング・システム（ＯＳ）上で動くソフトウェア・プログラムのようなものである。上座部仏教、禅宗、浄土真宗、日蓮宗、チベット仏教は、見た目は違うが、その根底に流れる基本原理は同じである。これらの多様な仏教の形は、私が「仏教1.0」と呼ぶ「オペレーティング・システム（救済論）」で動くプログラム（ワープロ、スプレッドシート、フォトショップなど）のようなものである。一見すると、現代社会に仏教を適合する際に直面する課題は、例えば「ヴィパッサナー」「創価学会」「シャンバラ」のような、現代の実践者のニーズにより適切に対応するために伝統的な仏教の形式を修正する別のソフトウェアを開発することのように思われる。だが、伝統仏教と現代を隔てる文化的な溝は非常に大きい。そのため、これだけでは十分ではないかもしれない。だからこそ、オペレーティング・システムそのものを書き換える必要があり、その結果、「仏教2.0」と呼べるものが生まれる可能性があるのだ。

【四】

では、仏教2.0は、どのような根拠に基づいてそれが「仏教」だと呼べるのだろうか。当然ながら、仏教2.0は正典に基づき、修行、教義、戒律の首尾一貫した解釈を提供でき、人間の繁栄の基盤として機能すべきである。そのためには、仏教の教えが十分に統合された理論的モデルとして提供される必要がある。仏教2.0の構想は、確かに野心的なプロジェクトであり、これから述べることは暫定的な素描にすぎない。しかし、こうした努力がなされなければ、仏教の教えは、主流文化のなかで、ますます周縁部に追いやられ、古代インドの世界観を受け入れる人たちだけを相手にすることになるだろうと私は考える。確かに、ブッダの教えは、私たちの世俗（saeculum）が直面する多くの差し迫った問題に貢献できる可能性があるが、それは最小限にとどまるだろう。

仏教の歴史そのものが、絶え間ない解釈と表現の歴史である。それぞれの仏教伝統は、自分たちだけが仏教の教えの「真の」解釈を持っていると主張し、他のすべての宗派はこの真理に及ばないか、「間違った見解」に陥っているかのどちらかだとする。今日の歴史批評的な観点から見ると、この種の主張は空虚なものに見える。というのも、仏教のあらゆる歴史的形態は、それぞれが発生した特殊で独特な状況によって左右されるからだ。ある一派が、ブッダの直説をそのまま保存することに何らかの形で成功したのに対して、他の一派は失敗したという考えは、もはや信憑性に欠ける。好むと好まざるにかかわらず、仏教は取り返しのつかないほど多元化しているのだ。誰の見解が正しく、誰の見解が間違っているかを判断できる中立的な仏教の司法機関など存在しないのである。

私自身の仏教2.0論に関しても、まさに私が批判している罠に陥る可能性があることに注意する必要がある。私は自分の解釈に惹かれるあまり、私なりの世俗仏教の理解が、伝統的な宗派が見失ったり誤解したりしてきた、釈迦の本来の教えなのではないかと想像したくなる。歴史上のブッダが何を「本当に」言いたかったのか、意図していたのか、ブッダの心を読むことは不可能だ。

それと同時に、それぞれの世代には、受け継いだ教えを再解釈する権利と義務がある。そうすることで、原著者やその後継者たちが思いもよらなかった、私たちの世俗（saeculum）に明快に語りかけるような意味を、テキストから見出せるかもしれない。ここからもわかるように、「仏教2.0」には、ある皮肉が込められている。私は自分のいっていることを真摯に受け止めているが、それもまた他の仏教解釈と同様に偶発的で不完全なものだと認識しているのだ。

【五】

釈尊がウルヴェエラー（ブッダガヤ）で悟りを開いた後、まもなくイシパタナ（サールナート）の鹿野苑で説かれたとされる『転法輪経』の四諦《したい》の教義が、釈尊の出家にとって決定的な教説と見なされるのは理解できる。しかし、このテキストを私たちに伝わっている形（パーリ語、サンスクリット語、中国語、チベット語で17バージョンがある）で読むと、仏教1.0の救済論に深く根ざしているように見える。

生・老・病・死の苦しみ（第一の真理【苦諦】）は渇愛（第二の真理【集諦】）に由来する。この渇愛をニルヴァーナ（第三の真理【滅諦】）の体得で停止させることによってのみ、渇愛が引き起こす苦しみは終息する。そして、この苦しみからの最終的な解放を実現する唯一の方法は、第四の真理【道諦】の実践である。つまり、苦の終息は、輪廻転生を駆動する渇愛を滅することによってのみ達成できる。実際、ブッダは説法の終わりで「これが最後の生である」と宣言している。肉体を持つ生き物として、この世にとどまる限り、人ができるのは、苦しみをある程度軽減することだけである。輪廻を止めなければ、苦しみは本当になくならないのだ。

このような解釈に基づくと、世俗的な(saeculum)解釈の余地はほとんどないように思われる。というのも、私たちを構成している生、老、病、死の世界から本当の救済や解脱を得ようとするならば、輪廻を終わらせる必要があるからだ。伝統仏教は、現世での生を解脱によって放棄すべきものと見なすインドの禁欲的伝統に忠実に従っている。

人間として生まれることのおもな利点は、果てしなく続く輪廻転生の中で、転生から完全に抜け出すための最良の条件が整っているため、生まれるのに最も適した状態であるということである。これは「小乗(Hīnayāna)」仏教だけの見解ではなく、「大乗(Mahāyāna)」仏教も同様だ。唯一の違いは、大乗仏教では、慈悲深い菩薩は、あらゆる衆生が解脱するまで、自分の最終的な解脱を先送りにするということである。だが、この教えを詳しく分析してみると、テキストの構造にある矛盾が浮かび上がってくる。それは『転法輪経』は、ブッダが鹿野苑で説いたことをそのまま記録したものではないからだ。この点において、現代の歴史的批評学は、培われてきた伝統仏教の見解のいくつかを覆す手段として有効となる。

【六】

イギリスの言語学者K．R．ノーマンは、「中期インド・アーリア語」と呼ばれる言語、つまりインドで古典期以降、近代以前まで使われていた話し言葉（プラークリット）についての世界的な権威である。「中期インド・アーリア語」にパーリ語が含まれ、上座部の釈尊の説話がこの言語で残されている。

１９８２年の「四聖諦（The Four Noble Truth）」と題する論文で、ノーマンは転法輪経（最初の説法）を言語学的に詳細に分析し、「この経典の最も古い形式には、聖諦（ariya-saccam）という言葉はなかった」（＊３）という驚くべき結論に達している。つまり文法的、構文的な根拠から、「聖諦」という表現が、その原文よりも後の時代に、いかに巧妙に挿入されたかを示しているのだ。しかし、そのような原文が伝わっていない以上、元々は何が書かれていたかを知ることはできない。合理的に推測できるのは、ブッダは四聖諦を語ったのではなく、単に「四つ」と語ったであろうということだけである。

「聖諦」という言葉は、あまりにも当たり前のように使われているため、その極端に宗派的で優越的な響きに気づかない。あらゆる宗教は、自分たちだけが教えていることが「崇高」であり「真理」だと主張している。これは宗教というビジネスでよく使われるレトリックである。釈迦の死後、何世紀もの間、古代インドの宗派間で競争が繰り広げられるなかで、釈迦の信奉者たちが師の教えの優位性をより強調するようになったことは想像に難くない。その過程で「聖諦」という表現が生まれ、他の宗派の教えと区別して自らのダルマを特別なものとして位置づけたのだろう。

ノーマンの発見が意味することの一つは、ブッダは「真理」の問題にはまったく関心がなかったかもしれないということだ。ブッダの悟りは「現実」に対する真理の認識、つまり物事の実際のあり方に対応する特別な理解には無関心だったのかもしれない。実際に、ブッダがいかに形而上学的な問題に取り組まなかったかは、正典の数多くの箇所が証明している。例えば、世界は常住であるか？　無常であるか？　世界は有限であるか？　無限であるか？　霊魂と身体は同一であるか？　身体は別異であるか？　如来（＝仏）は死後存在するか？　しないのか？　というものである（＊4）。

ブッダは、このような議論に埋没せずに、人間の苦という核心的な問題に取り組む治療的かつ実用的な道を明らかにすることが重要だと述べた。すなわち、形而上学的な命題の真偽を際限なく議論しても最終的な結論に達することはないし、そのような問いは自己や他者の生と死というはるかに差し迫った問題との折り合いに繋がらないことを認識していた。

「真理」という魅力的な概念が仏教の教えに浸透し始めると、教えの重点が、思弁的な形而上学に取って代わられる危険性があり、悟りは、何らかの形で客観的な形而上学的「現実」と一致する心の内的状態を達成することと見なされるようになる。この傾向は、「真理」が「勝義（paramattha）」であるか、単に「世俗（samutti）」であるかのどちらかであると、さらに限定されるとき、より顕著になる。この二つの真理に関する教義は、あらゆる仏教の思考の中心であるが、「勝義の真理」と「世俗の真理」という言葉は、パーリ正典のVinaya Piṭakasで一度も登場しない。しかし、今日、上座部仏教を含むほとんどの仏教宗派にとって、悟りは、ある究極の真理の本質を直接に洞察することだと理解されている。

つまり「真理」の特権化は、仏教の教えが悟りの解放的な実践から、仏教という宗教的な信仰体系へと徐々に変化していったかを示す重要な指標の一つなのではないか。私はこのように主張したい。

【七】

仏教の入門書を開けば、たいてい最初の数ページで、四諦についての説明がある。そこには、ほぼ間違いなく、次の四つの命題が書かれている。

1　存在は苦しみである。
2　苦しみの起源は渇愛である。
3　苦の消滅こそがニルヴァーナ（涅槃）である。
4　八正道は苦の消滅に至る道である。

この情報が提示され、読者はこれらの命題が真理か偽りかを考えるよう促される。ダルマと関わり始めた当初から、人は「真理を求める」言語ゲームをしていることに気づく。もしあなたがこれらの命題が真理だと信じるなら、あなたは仏教徒になる資格があり、一方、もしあなたがこれらの命題を偽りだと考えるなら、あなたは仏教徒になる資格はない。こうして、「信者」と「非信者」、真理に到達した者とそうでない者との間に境界線を引くことが、暗黙のうちになされる。これは、閉鎖的な集団意識や、自分の考えを共有できない他者への憎悪につながりかねない、ある種の分断を生み出す。イタリアの哲学者ジャンニ・ヴァッティモは、「『真理』という言葉が発せられるとき、暴力の影も投げかけられる」（＊5）と述べている。しかし、ノーマンの指摘が正しければ、ブッダは自分の考えを「真理」という言葉で示したわけではないのかもしれない。

これらの命題はそれぞれ形而上学的な主張であり、「神は愛である」、「創造は唯一なるものの息吹から生じる」、「至福はブラフマンとの永遠の合一である」、「あなたは私を通してのみ父なる神のもとへ行くことができる」といった類いと何ら変わりはない。おそらく、仏教がより心理学的な響きを持ち、無神論的な用語を用いるため（仏教は「合理的」で「科学的」であると広く認識されている）、四諦の主張があからさまに形而上学的であると証明、あるいは反論しようと思わないかもしれない。

「渇愛は苦しみの起源である」という。だが、それでは、渇愛は、どのようにして老いることの起源となるのか？　先天性の病気で生まれた赤ん坊の苦しみの起源は渇愛なのか？　誤ってトラックに轢かれることの原因は渇愛なのか？　私は、現代の仏教指導者たちが、おそらくはカンマ（Kamma）や輪廻転生の形而上学を不得意として、しばしば、これらを心理学的に説明しようとすることに気がついた。仏教指導者たちは「渇愛が老いの肉体的苦痛や3・5トン車の車輪に押しつぶされることを引き起こすのではない」と述べ、「しかし、このようなことが起こらないように渇愛すること、つまり、目の前に現れる人生を受け入れようとしないことで、肉体的苦痛に加えて、不必要な精神的苦痛を自分自身に引き起こしているのだ」と言うだろう。

このように、私たちが頻繁に不必要な精神的苦痛を自分自身に引き起こしていることは明らかであり、パーリ正典の多くの箇所を引用することで、この読み方を裏付けられる。しかし、ブッダが『転法輪経』で苦(dukkha）の意味を定義するとき、彼はそれを「不必要な精神的苦痛」ではなく、生、病、老、死、そして「五蘊」そのものと表現している。つまり、この世に存在する私たちの状態の総体なのだ。この文章をそのまま受け取ると、「渇愛は苦しみの起源である」という命題の唯一の妥当な解釈は、伝統的な解釈となる。渇愛が苦しみの起源であるのは、生まれ、病気になり、老い、死に至るという行動を起こさせるからである。だが、これはもちろん形而上学である。それゆえに、実証も反論もできない真理の主張（truth claim）なのだ。

私が1997年に著した『信仰なき仏教』（原題：Buddhism Without Beliefs）では、dukkhaを渇愛との関連で解釈するという誤りを犯してしまった。dukkhaが渇愛に起因するのであれば、渇愛に囚われた際に生じる精神的苦痛を指すはずだと考えたのだ。そのため、dukkhaを「苦悩」と訳出した。しかし、渇愛がそのような苦悩を引き起こすかどうかは別として、『転法輪経』においてdukkhaはそのようには描かれていない。この解釈の結果、dukkhaは、マインドフルネスと瞑想の技法とよく合致し、純粋に主観的な問題と見なせるようになる。なぜならdukkhaは、人生の必然的な苦痛やフラストレーションに不必要に付け加えられた苦しみにすぎないからだ。この心理学的な読み方は、仏教の実践をますます内面に向かわせる。人生と世界に蔓延するdukkhaへの関心は、苦という主観的な感情。すなわち排他的かつ自己中心的な方向へと向かわせるのだ。

【八】

「真理」という概念は、宗教に関する言説の中にありふれており、仏教の教えに関する仏教自身の解説によってさらに強化されている。そのため、仏教の教えについて考えたり話したりすることを「学習しない」ことは難しく、それは脅威にさえ感じるかもしれない。しかし、私たちが信念に基づく仏教1.0から実践に基づく仏教2.0へと移行するためには、この学び直しがまさに必要なのだ。私たちは、正典のテキストを聞いたり読んだりしたときの最初の反応が、「それは真理なのか?」ではなく、「これは機能するのか？」となる段階まで、自分自身を訓練しなければならない。

それと同時に、私たちはテキストそのものを批判的に分析し、特定の文章や言説を構成する中核となる用語や物語の手法をできる限り明らかにする必要がある。「四聖諦」という言葉から「聖諦」という言葉を取り除くと、単に「四つ」が残る。そして、仏教の伝統を通して見られる四つの最も実用的な定式は以下の通りである。

苦（dukkha）
集（samudaya）
滅（nirodha）
道（magga）

「聖諦」という修飾語を取り去り、何かを主張するような表現をしなくなると、仏教1.0と仏教2.0の両方が成り立っている四つの基礎にたどり着く。すべての生物の遺伝的情報を含む核酸であるＤＮＡを構成する四つの核酸塩基（シトシン、グアニン、アデニン、チミン）があるように、「苦」、「集」、「滅」、「道」は仏教の教えを構成する四つの基本要素であり、あらゆる形の仏教を生み出す思想、価値観、実践の本体であるといえるかもしれない。

【九】

渇愛は繰り返し、執着と貪欲に溺れ、執拗にあれやこれやに耽る。すなわち、感官によって得られる刺激・快楽への渇愛、存在への渇愛、存在しないことへの渇愛なのである。

「転法輪経」

キャロル・アンダーソン（１９９９）にならって、私はsamudaya（集）を「起源（origin）」ではなく「生起（arising）」と訳している。またイサライン・ホーナー（１９５１）は「転法輪経（最初の説法）」の翻訳でsamudayaを“uprising”と訳している。伝統仏教が早くから、諦（samudaya）を苦（dukkha）の「起源（origin）」

あるいは「原因（cause）」と解釈してきたことは事実だ。しかし、詳しく検討すると、この解釈はやや無理があるように思える。「渇愛が苦の起源である」という主張は、（それを信じるかどうかは別として）少なくとも論理的には筋が通っている。一方で、「渇愛が苦の発生である」というのは、理解しがたく曖昧な表現だ。「転法輪経」では、渇愛（tanhā）は集（samudaya）として特定されている。それは「生起」を意味する。しかし、一般的に何かが「生起する」ということは、「煙は火から生じる」のように、他の何かから生じることを示唆する。だが、四諦の伝統的な理解では、この常識的な理解は逆転している。集（samudaya）として識別される渇愛は、苦（dukkha）から生じるものではなく、苦（dukkha）を生じさせるものである。

しかしながら、渇愛が生じるものであるということは、もう一つの古典的な仏教の教義、すなわち縁起（paticcasamuppāda）の核心である。渇愛とは、受（vedana）から生じるものであり、その受（vedana）は触、六処、名色、識から生じるとされる。渇愛の生起を頂点とする因果の連鎖は、仏教では一般的に「五蘊」（色蘊・受蘊・想蘊・行蘊・識蘊）に集約され、これは人間の実存の全体像を直線的に描写している。最初の説法では、この五蘊を苦（dukkha）が意味するものの要約と見なしているので、十二支縁起説によれば、渇愛はむしろ苦（dukkha）から生じるものであり、その逆ではないことは明らかである。

「渇愛」とは、私たちが直面する、儚《はかな》く、悲劇的で、頼りなく、非人格的な人生の状況に対する、習慣的で本能的な反応のすべてを表している。何かが心地よければ、私たちはそれを所有したいと強く欲し、何かが不快であれば、私たちはそれを取り除きたいと強く欲する。マインドフルネスの実践は、この反応パターンが世界との出会いからどのように生じているかに気づく訓練である。

もちろん、十二支縁起説はこれだけにとどまらない。渇愛は執着（upādāna）を生み、その執着（upādāna）は、生老病死を生むとされる。この説は、渇愛が生、病、老い、死、すなわち苦（dukkha）の起源であるという伝統仏教の信念を正当化するものである。渇愛が執着につながることは理解できないわけではない。だが、執着がどのようにして経験的に「生じる（becoming）」を生み、それが「生じさせる（birth）」になるのか、私には理解できない（＊6）。渇愛や執着といった感情が、どのようにして経験的に「生じさせる」状態を生み出し、それが何らかの形で、再び受精卵の中に自分を宿す条件になるのか。「識」や「名色」から「渇愛」への連続を特徴づける経験的な正確さは、後の縁起説では形而上学的な推測に取って代わられている。

なぜ初期の仏教徒たちは、渇愛が誕生、病気、老化、死の原因であると主張することにこだわったのか。一つの答えは、仏教思想に古代インドの世界観に適合するような、説得力を持たせるためだというものだろう（＊7）。「渇愛が苦しみの原因である」というのは、ヴェーダやウパニシャッドに見られるインドの一般的な世界の起源に関する理解を踏襲したにすぎない。

リグ・ヴェーダには「はじめに欲望（kāma）があった」という創造神話がある（＊8）。一方、ブリハッド・アーラニヤカ・ウパニシャッドでは「欲望から解き放たれた者」はブラフマンと一体となり、死後は「ブラフマンのもとへ行く」という記述がある（＊9）。同じプロセスを仏教の十二支縁起モデルでは、無神論的に説明する。すなわち、渇愛は輪廻につながり、渇愛を止めると輪廻から解脱するのだ。仏教徒はkāma（欲望）ではなくtanhā（渇愛）という言葉を使う。だがkāmaは『転法輪経』に書かれている三種類の渇愛の一つでもある。すなわち、欲愛（kāmatanhā）は、官能的欲望の渇愛を指し、有愛（bhavatanhā）は、永続的な自己への執着、無有愛（vibhavatanhā）は、自己消滅への切望と関係がある。

しかし『スッタ・ニパータ』（862-74節）にある、縁起説の初期バージョンを見てみると、十二ではなく六つの連鎖が示されている。このバージョンは、老いと死がどのように生じるかを説明しようとするのではなく、より控えめに「争闘と争論と悲しみと憂いと慢心と傲慢と悪口」がどう生じるかを説明している。それは、人間の争いについての経験的な分析にすぎない。ブッダは、争いは大切にしているものから生じ、大切にしているものは欲（chanda）から生じ、渇愛は「この世で楽しいこと、嫌なこと」から生じ、それは触から生じ、触は名色（nāmarūpa）、つまりは、この世に存在することから生じると述べている（*10）。宗教の教義は時代とともに短くなるより長くなる傾向があることを考えると、この六つの縁起は元々教えられていた縁起の思想に近いと思われる。「有（bhava）」や再生のような形而上学的な概念に頼ることなく、争いの起源を現実的に考察している。また、スッタ・ニパータでは、「渇愛」（tanhā）の代わりに、より中立的な言葉である欲（chanda）が使われていることも注目に値する。

【十】

およそ生じる性質を持つものは、すべて滅する性質を持つ。

これは『転法輪経』の結びの言葉であり、説法を受けた五人の行者の一人であるコンダンニャが、ブッダの言葉を理解して発したものである。その意味は、文字通り「発生するダンマが何であれ、それは滅するダンマである」、つまりは「何であれ、生じるものは滅する」ということだ。ブッダの一番弟子となったサーリプッタも、ゴータマの教えの要約を初めて聞いたとき、理解の表現としてこの言葉を発したといわれている（*11）。

このフレーズには、四大要素の第二と第三の要素である「生起（samudaya）」と「滅（nirodha）」という二つの用語が含まれていることに気づくだろう。この経典の文脈から、コンダンニャが「上に行ったものは必ず下に行く」というようなありふれた一般論を述べているのではないことは明らかである。それは四つが回る「蝶番」といえるような、核心的な洞察について述べているのであり、彼自身の経験に基づいている（経典には「冷静で汚れのないダルマの目がコンダンニャに生じた」とある）。「最初の説法」では「停止」を「渇愛が跡形もなく消え去り、停止し、渇愛を手放し、渇愛から自由と独立した状態」だと定義している。
消え去るものは渇愛であると明言されているので、生起するものも渇愛でなければならないことは明らかである。コンダンニャの発言は、生起（samudaya）が渇愛の発生を指しており、伝統的に教えられているような苦（dukkha）の発生を指していないことを示す最も有力な証拠となる。渇愛は生じるものであるから、渇愛は滅するものである。これがコンダンニャの洞察であり、彼の「法眼」の「開眼」であり、涅槃の自由を最初に垣間見たものである。迦旃延《かせんねん》への説法では「完全観」（sammāditthi）を構成するものに関する釈尊の説明の一部として、再びsamudayaとnirodhaという二つの用語が以下のように用いられている。

迦旃延よ、この世の大部分は、「ある」という概念（atthita）と「ない」という概念（natthita）という二元性に依存している。しかし、完全な理解（sammāpañña）をもって世界の生起（samudaya）を見る者には、世界に関して「ない」という概念はない。また、完全な理解をもって世界の滅（nirodha）を見る者には、世界に関して「ある」という概念はない。迦旃延よ、「すべてはある」これは一つの極端である。迦旃延よ、「すべてはない」これはもう一つの極端なのだ。これらの極端のどちらにも向かわず、如来は中道で法を説かれるのだ（＊12）。

この一節は、後にナーガールジュナの中道哲学の唯一の明確な根拠となるが（＊13）、生起（samudaya）と滅（nirodha）の用法を、渇愛にとどまらず、世界にまで拡大している。このビジョンは、渇愛の根底にあるもの、すなわち言語使用者に染みついた「ある」・「ない」という概念の再定義から人を解放する。人生の偶発性、流動性、過程性を理解する者は、「ある」・「ない」というカテゴリーは、果てしなく生起しては止まり、自分の概念的把握を永遠に逃れ続ける世界を適切に表現できないことに気づくからである。これはナーガールジュナとその信奉者たちがいうところの、人や物が「自性空」(svabhāvaśūnya)だということであろう。このような洞察を得ることは「正見《しょうけん》」に到達することであり、「法眼の開眼」とも呼ばれ、八正道の最初の要素でもある。そして、八正道、すなわち中道は、『転法輪経』が四番目の言葉である「道(magga)」をどのように定義しているかということである。苦(dukkha)は渇愛の生起(samudaya)につながり、渇愛が止まれば道(magga)の可能性が生まれるのだ。

【十一】

テキスト『転法輪経』の構造は、「四つ」を信念体系の概念的基礎というよりむしろ、実践の道筋の概要として読むことを更に促している。テキストは四つの主要な段階に分かれている。それは次の通りである。

一　極端を避ける中道の宣言
二　「四つ」の定義
三　認識し、実行し、達成すべき課題としての「四つ」の提示
四　これらを認識、実行、達成することによって、比類なき悟りが達成されるという宣言

最初の説法を理解する鍵は、各段階がいかに次の段階の前提となっているかにある。すなわち、それぞれの実践がいかに次の実践の前提となっているかを見ることにある。この物語の展開は、縁起(paticcasamupāda)の核心原理そのもの、すなわち「これがあるとき、それは生起し、これがないとき、それは生起しない(*14)」ことを示すものである。このように考えると、この文章は「四つの真理」を理論的

に説明しているのではなく、「四つの課題」のやり方を示しているのである。では、「四つ」はどのようにして認識され、実行され、達成されるべき四つの課題になるのか？　これが「最初の説法（転法輪経）」の（骨太の）テキストに以下のように書かれていることだ。

それが苦であり、完全に知ることができ、完全に知られている。
それが生起であり、手放すことができ、手放されている。
それが停止であり、経験することができ、経験された。
それが道であり、開拓でき、培われてきた。

四要素のそれぞれは、(a)そのように認識され、そして(b)その行動が達成されるまで、(c)ある方法で行動される。それぞれが特定の方法で行うべき特定の課題となる。苦（dukkha）は完全に知ること（pariññā）であり、（渇愛の）発生は手放すこと（pahāna）であり、その滅を経験することである。それは、自分の目で見ること（sacchikāta）でもあり、文字通り、道を修すること（bhāvanā）でもある。

苦（dukkha）を受け入れ、苦（dukkha）に反応して生じる渇愛を手放し、渇愛が消え去るのを経験し、それによって八正道を築き上げ修行することができる。このテキストによれば、仏陀の悟りもまた、これら四つの課題を認識し、実行し、達成したという観点から理解されるべきである。ウルヴェラーの樹の下での経験を、究極的な真理や無死に対する超越的な洞察として説明するのではなく、ブッダは『転法輪経』では次のように述べている。

この四つの十二の側面について私の知識と見識が完全には明確でない限り、私はこの世で比類なき悟りを遂げたとは主張しなかった……。

悟りとは、神秘主義者が報告する超越体験に匹敵するような、絶対的なものへの特別な洞察ではなく、苦、集、滅、道との本質的な関係を再構成することによって得られる、相互に関連した達成の複雑な連続である。

この「最初の説法（『転法輪経』）」の読み方は、多くの人を困惑させてきた疑問にも答えている。すなわち、なぜ四つの「聖諦」がこのような順序で説かれているのか。なぜ四つの「聖諦」は、私たちが目にする順序で示されるのか？　なぜこのテキストは、まず苦しみ（結果）を提示し、それからその原因（渇愛）に戻るのか？　そして、なぜ苦しみの終息（結果）を提示し、その原因（八正道）を提示するのか？　この「結果、原因、結果、原因」という一連の流れは、一般的にブッダの「治療」アプローチの一例として解釈されている。まず自分が病気であることを認識する必要があり、次に医者のところに行って病気の原因を診断してもらい、医者は病気の治療法があることを保証し、最後に治療法を提供する。

しかし、この比喩は、パーリ正典の説話や修行僧の訓練テキストにはどこにも見あたらない。それは、命題の「真理」の不自然な順序づけを正当化するために導入された、権威主義的な含みを持つ、後の註釈的な装置なのだ。しかし、四つの命題を真理ではなく課題として理解すれば、謎は解ける。苦しみを完全に知ることが渇愛を手放すことにつながり、渇愛が止まることを経験することにつながり、それが道を修めることにつながるのだ。

【十二】

四つの真理を四つの課題に変えるこの認識の転換（ルビンの壺：花瓶のイメージを二つの横顔のイメージに「切り

替える」ようなもの）は、コンピューターソフトウェアのアップデートに例えるなら、仏教1.0を仏教2.0にアップデートするのと同じである。それは、苦、集、滅、道という「核」を再構成する問題である。形而上学的な信念の重要な要素として扱うのではなく、この世で生きるための実践の重要な要素として扱うのである。

仏教2.0では、「人生は苦である」「渇愛は苦の起源である」「ニルヴァーナは苦の終焉である」「八正道は苦の終末に至る」という命題が真理であるかどうかはまったく関係ない。修行の目的は、そのような古くからの教義を確認したり反論したりすることではなく、その時々に現れるものに対して根本的に異なる方法で対応することである。インフルエンザにかかったり、希望していた職業に就けなかったりと、苦しみが生じるたびに、それを恨んだり否定したりするのではなく、正しく知ろうとする。空想や心配事で気を紛らわすのではなく、起こっていることの実感に冷静に注意を向けるのだ。この作業を行うにつれて、あなたは自分の反応の「発生（arising）」とその強さを鋭く意識するようになる。それらもまた、同じように広く静止した抱擁の中に含まれるのだ。自己愛や自己嫌悪に陥った欲求を抑圧するのではなく、心理的、文化的、宗教的、あるいは本能的に条件づけられた習慣的な傾向の表れとして受け入れることで、自分自身を解放するのだ。

苦しみを完全に知ることは、それ自体が目的ではなく、苦しみに反応して習慣的に生じる渇愛を手放すための前提条件である。仏教2.0では、渇愛の問題は、それが苦しみを引き起こすことではなく（明らかに苦しみを引き起こす場合もあるが）、八正道に入ることを妨げることである。この意味で、渇愛は妨げ（nivarana）であり、道に沿って滞りなく進むことを妨げるものである。意識的にせよ無意識的にせよ、苦（dukkha）によって引き起こされる欲望の命令（「これが欲しい！」「あれはいらない！」）に従っている限り、人は反復的な思考と行動の強力なサイクルに捕らわれたままとなり、欲望に左右されない生き方に踏み出そうとする試みを台無しにしてしまう。逆説的だが、渇愛を手放すことは、故意に渇愛を放棄することによってではなく、自分の人生を構成する「生死の大問題」（中国語「dukkha」の翻訳）を受け入れ、拡大することで達成されるのだ。

生、老、病、死を深く理解することで、私たちは人間存在が必然に持つ、儚く悲劇的で非常な性質を理解するようになる。つまり、この世界が自己満足のために存在し、望むものは何でも手に入れ、嫌いなものをすべて避けられ、自分のカードをうまく切れば、あこがれの永続的な幸福を手に入れることができるというのは幻想なのだ。そんな世界は、私たちの住む世界ではない。このことに気づき始めると、渇愛による野望の不条理さと無意味さが露わになる。習慣的に生じていた欲求、恐れ、敵意が、自らの意志で消え始め（あるいは、実際に消え去らなかったとしても、私たちを支配する力を失い、これとほぼ同じことが起こる）、ついにはそれが完全に止む瞬間が訪れる。

このプロセスは、頭文字をとってELSAと呼ばれる。それは、Embrace（受け入れる）、Let go（手放す）、Stop（止める）、Act（行動する）である。人は苦（dukkha）を受け入れる。つまり、人生が示すどんな状況であれ、それに対する反応として生じる把持《はじ》を手放し、反応を止める。この手順は「良い人生」を構成するものについての倫理的ビジョンから、職場の同僚との日々の交流に至るまで、人間の経験の全領域にわたって応用できる実践法である。仏教2.0は、そのような生き方が「ニルヴァーナ」と呼ばれる最終的なゴールにつながるかどうかには関心がない。重要なのは、ELSAの各要素が必要かつ本質的な部分である修行のプロセスを、常に深め、広げていくことである。「停止」はもはや道のゴールとしてではなく、道の可能性が姿を現し、「実現」されるために、反応性が止まる（あるいは中断される）瞬間として捉えられている。苦（dukkha）が（その逆ではなく）渇愛を生むように、渇愛の停止が（その逆ではなく）八正道を生むのである。こうして仏教2.0は仏教1.0を覆すのだ。

【十三】

森の中を彷徨《さまよ》っている人が、昔の人が通った古道を見たとしよう。その道は公園、木立、池、城壁があり、心地よい場所である。森の中を彷徨っていたとき、古道を見つけた。森の中を彷徨う人物が、その都市を修復して欲しいと願い出た。すると、王や王室の大臣はその都市を修復し、しばらくしてその都市は発展し、繁栄し、人口が増え、成長し、拡大するようになる（＊15）。

ブッダはこの話を説明する中で、「古道」とは「八正道」のことであり、「都市」とは「四諦」と「縁起」のことであると述べている。ブッダは自分自身を、森を彷徨ってこれらを発見し、世に戻り、王や大臣たちの助けを借りてダルマとサンガを確立し、今では国で成功した男に例えている（＊16）。この世俗的なたとえ話の構造は、『転法輪経』の構造と不思議と一致する。この物語もまた、第十一節で概説した『転法輪経』と対応する四つの主要な段階を持つ。

一　森の古道の発見（＝中道の宣言）
二　古都の発見（＝四つの宣言）
三　都市の修復という課題に従事すること（＝四つを認識し、実行し、達成すべき課題として示すこと）
四　都市を回復する任務を完了する（＝任務を達成した結果として、悟りを達成する）

『転法輪経』がこれら四つの段階を個人の悟りという観点から提示しているのに対し、都市のたとえ話は世界で実現されるべき社会的プロジェクトという観点から提示している。

四つの段階は、自分自身の人生を導く指針を提供するだけでなく、新たな種類の社会を実現する共同体の努力の指針も提供している。したがって、ダルマの実践は、自分自身の悟りを達成することに限定されるものではない。ダルマの修行とは、自分の死後ずっと経ってから実現するかもしれない目標を達成するために、他者との協力を必然的に伴う修行なのである。どちらのテキストも、八正道は最終的なゴールに至る直線的な一連の段階としてではなく、それ自体がゴールとなる現在の動いている方向にさらに前進させるものとして捉えるべきものだと示唆している。都市においては、八正道は四つの発見へと導くが、四つのうちの四つ目は八正道そのものであり、テキストによれば、八正道は永続的に次の四つへと導く。苦（dukkha）を完全に知ることは、生じるものを手放すことにつながり、それは生じるものが止まる瞬間へとつながり、八正道の最初のステップである「正見」を開くことになる。そして、そのような見方が、私たちの考え方や選択の仕方（ステップ2）につながり、話し方（ステップ3）、行動の仕方（ステップ4）、課題の仕方（ステップ5）につながり、マインドフルネス（ステップ7）と集中力（ステップ8）を養うために自分自身を適用する（ステップ6）ための倫理的枠組みを提供する。しかし、何に心を向けるのか。何に集中するのか。人は一瞬一瞬の人生に心を配り、それに集中する。こうして人は、より深い洞察と気づきを得て、四つの課題の第一課題に戻り、それが第二の課題へとつながっていくのである。

しかし、この連鎖は周期的なものではない。もしそうであれば、人は何度も元の位置に戻ってしまうだろう。それは、仏教徒たちが伝統的に生死輪廻からの解脱を求めていることに似ている。私はELSAのプロセスを、出産時の陣痛がオキシトシンというホルモンを分泌させ、それが更なる陣痛を促し、最終的に出産に至るのと同じように、現在の動いている方向に更に前進させるものに例えている（＊17）。

これが道である。それは八つに分かれた道である。すなわち、正見、正思、正語、正業、正命、正精進、正念、正定である。

「転法輪経」

【十四】

ブッダは「比丘よ、高貴な弟子が四つの迷妄を捨て去った時、その時、その者は流れに入った者（sotāpanna）と呼ばれる（*18）」と宣言している。サーリプッタは「流れ」を八正道と明確に定義し、「流れに入る者」をそのような道を自らのものとした者と定義している（*19）。ELSA の展開過程は、小川の水の流れに似ている。このイメージは、ひとたび苦（dukkha）を完全に知ることに着手し、道に基づく肯定的な最適化を連続して引き起こせば、自分の人生がどこか「行き詰まった」「ふさがれた」「止まった」かのように感じられなくなることを暗示している。ただ流れ始めるのだ。自分の最も強い願望を実現するのを妨げられているというフラストレーションは、本能的な欲求による。その欲求は抑制されずに生じ、欲求を満たすこと、あるいは自分の注意を捉えた脅威を撃退することだけに執着する。もちろん、そのような本能的な反応に耳を傾けることは有益である。しかし、こうした本能は、いまや他の関心事よりも優先され、覆されるほど根付いている。

預流（sotāpatti）についての最も詳しい説明は『サンユッタ・ニカーヤ』の最終章にある。この文章によれば、信者とは、ブッダ、ダルマ、サンガに対する「不動の信心（aveccappasāda）」を持ち「尊い者たちが大切にする徳（*20）」を体現する者である。この最初の部分は、一般に「三宝」と呼ばれるものを指す。しかし、仏教の信者としてのアイデンティティを確認する儀式の対象としてではなく、ここでは、自分の倫理的価値観を意識的に方向転換するための基準として理解されている。苦（dukkha）を受け入れ、渇愛を手放し、渇愛の停止を経験し、それによって八正道の流れに入る人は、渇愛の衝動に左右されない一連の価値観に立脚した生き方に対する明晰さと信頼を増していく人である。

「ブッダ」とは、人が熱望する悟りのことであり、「ダルマ」とは、悟りを実現するための指針となる教えと実践であり、「サンガ」とは、そのような目標を共有し、友情を通じて自らの実現を支え合う男女である。同時に、この道の流れに入ると、三つの「束縛」、すなわち有身見（sakkāyaditthi）、戒禁（規則に縛られた道徳と遵守 sīlabbata）、疑（vichikicchā）がなくなるといわれている（*21）。人間という境遇を注意深く観察してみると、ナルシシズムになるようなことはほとんどないのである。自分の存在の儚く、悲劇的で、非人格的な状況を見つめれば見つめるほど、自分の愛すべき魅力的な自己投影は崩れ、溶けていく。コンダニャ（Kondañña）の甥で、アーナンダの戒律の師であるプンナ・マンターニプッタ（Punna Mantāniputta）は、渇愛から生じる執着（upādāna）を、「装飾品が好きな若い女性や男性が、鏡や、清らかな水を満たした鉢の中で、自分の顔かたちを眺める」様子に例えている。このように自らの姿に執着することで、「私は私である」（asmi）という慢心が生じると彼は説明する。有身見（sakkāyaditthi）は、ここでは「ナルシシズム」と訳しているが、それは文字通り「自分の肉体観」を意味している（*22）。

道徳的ジレンマに伴う苦（dukkha）の複雑さと特殊性をより深く理解するにつれ、宗教の厳格な道徳規範が、せいぜい大まかな行動指針にしかなりえないことが明らかになる。他者の苦しみに共感するということは、一般論として何が正しいかを知っているという思い上がりではない。それはむしろ、その特定の状況において最も思慮深く、愛情のこもった行動をとるリスクを引き受ける勇気を持って対応することを求めることなのだ。ELSA のプロセスは信念というよりも、むしろ実際の体験に基づくものであるため、いったんこの道が「自分のもの」になれば、その信頼性について疑いを抱くことは少なくなる。

専門家のエリート集団に統治される宗教組織として、仏教は時代とともに預流を精神的な高みにまで昇華させる傾向があり、熱心な修行者以外には近寄りがたいものとなっている。しかし、仏典によれば、釈尊の時代の預流者は「白衣をまとい、感覚的な快楽を楽しむ男女の信徒」であり、「疑いを超え」かつ「教えにおいて他者に依存しない」人々であった（＊23）。おそらく、その最も顕著な例は、釈迦が地元の人々の反対にもかかわらず流れに入った者（預流者）であると断言した、釈迦族のサラカーニ（Sarakāni）と呼ばれる大酒飲みの話であろう（＊24）。

【十五】

キリスト教が、善良で愛に満ちた神が、なぜこれほど苦しみや不正や恐怖に満ちた世界を創造したのかを説明するのに苦労してきたように、仏教もまた、涙の谷でしかないはずの世界に喜び、歓び、魅惑が存在することを説明するのに苦慮してきた。これは、どちらの場合も、信念に基づく思考体系の限界を物語っている。ひとたび「存在は苦（dukkha）である」とか「神は善である」といった形而上学的命題の真理を支持することに身を投じれば、それを正当化しようとする果てしない営みに引き込まれる。キリスト教ではこれを「神義論」と呼ぶが、仏教では「苦義論（dukkhodicy）」とでも呼べるだろう。実践に基づくシステムは、何かを信じなさいという命題の代わりに、何かをしなさいという指示によって成り立つことで、このような正当化の行き詰まりを回避している。したがって、「存在は苦（dukkha）である」という信念を正当化しようとするのではなく、「苦（dukkha）を完全に知る」ことを求める。そして、「渇愛が苦（dukkha）の起源である」ことを理解しようと苦心するのではなく、「渇愛を手放す」ことを求めるのだ。

経典には、このような実際的なアプローチを示唆する箇所が数多くある。『サンユッタ・ニカーヤ』の最終章でブッダは、「私はその四つの到達には苦しみが伴うとは言わない」と宣言し、「それは幸福と喜びのみ伴う（＊25）」と述べている。苦しみを完全に受け入れることは、苦しみを増やすのではなく、逆説的に、生きることへの感度を高めるのだ。

生、老、病、そして死に「イエス」と言うことで、あなたは自分がここにいることの神秘に心を開くことができる。別の一節で、ブッダは友人であるリチャヴィの貴族マハーリに、人生は苦しみ以外の何ものでもないという誤った考えを次のように正した。「マハーリよ、もしこの人生が苦しみだけで、快楽もなかったら、衆生はこの人生に惹かれることはなかっただろう（*26）。」また、同じく『サンユッタ・ニカーヤ』にある別の文章では、求道に乗り出した動機についてブッダは次のように振り返っている。

私がまだ菩薩であったとき、人生の甘味（assādo）とは何か？　人生の悲劇（ādhinavo）とは何か？　人生の解放（nissaranaṃ）とは何か？　を考えた。すると比丘よ、私に次のようなことが起こった。人生は無常であり、苦（dukkha）であり、変化するものである。それが人生の悲劇である。人生に対する欲食（chandarāga）を捨て去ること、それが人生からの解放である（*27）。

これらをすべて理解したときに初めて、ブッダは、この世で比類なき悟りを得たと考えたのだと結論づけている。

【十六】

釈尊が入滅した年に生まれた子供を想像してみよう。釈迦と同じように、その子供も80年生き、また子供が生まれた。これを２５００年後の現代まで続けると、釈尊の時代と私たちの間は、わずか30世代しか離れていないことになる。このように考えると、私たちが習慣的に、時には敬意を込めて古代世界と見なしている時代から、実はそれほど時間が経っていないことがわかる。仏教の「古さ」は、その教えに権威を与える、別の手段として機能している（これは、紀元前5世紀以降、物事は全般的に着実に悪化していると主張するインドの思想によって、さらに強化されている）。しかし、その「古代」の時代に生まれた経典のいくつかについて注目すべきことは、21世紀のいま、ここでの私たちの生活の状況に、いかに直接的かつ明快に語りかけているかということである。実存的な意味において、今日の人間の経験は、ブッダの時代と何ら変わりはない。

この時間的視点の修正は、過去の偉大な修行者たちが到達したような道を達成することがもはや不可能な「ダルマが終わる時代」に私たちが生きているという考えに疑問を投げかける。このような考え方をフォイエルバッハ的、あるいはマルクス主義的に説明するならば、権威主義的な政治権力の道徳部門として機能することが多い既成の宗教体制が、その伝統が支持する智慧や慈悲といった人間的価値の唯一の真の所有者であると主張するときに起こる、段階的な疎外感の一例と説明することもできよう（＊28）。例えば「預流」を高尚な精神的達成だとすることで、それを一般行者の手の届かないところに置く。そうすることで、宗教団体とその代表者により高い権威を与え、悟りを得ていない信徒の無力さを確認させるのである。

しかし、仏教は終焉を迎えるのではなく、まだ始まったばかりだとも想像できないだろうか。現在進行中と思われるダルマの世俗化は、批評家たちが嘆くように、仏陀の教えの末期的な希釈化や平凡化の兆候ではなく、むしろ過去２０００年あまりの間支配力を保ってきた伝統仏教の力が衰えている兆候なのかもしれない。そうであるならば、ダルマの世俗化は、仏教1.0の崩壊を意味すると同時に、仏教2.0の誕生を告げるものかもしれない。ジェーンやその他の人々のように、医療におけるマインドフルネスの実践を通じて（あるいは、ナーガールジュナの哲学の理解、禅の俳句や筆画の愛好、ダライ・ラマの人格への賞賛、インド不可触民への社会正義への憧れなどを通じて）仏教に出会った人々にとって、仏教2.0は世俗化されたダルマを提供し、古代インドの救済論を排除しながらも「転法輪経（最初の説法）」の重要な正典の批判的解釈に基づいている。

さて、仏教2.0は、四つの規範を再構成することで、ダルマを理解し実践するための異なる視点を提供し、それはELSAの現在の動いている方向に更に前進させるものに基づいている。この再構築が、仏教の修行、哲学、倫理の首尾一貫した解釈を生み出すことができるかどうか、また、私たちが今日生きているような世界において、人間の繁栄の基盤となりうるかどうかは、まだわからない。

筏の譬えの中で、ブッダは「旅の途中の男」が、渡らなければならない水辺にたどり着いたときのことを描写している。船も橋もないので、手近にある「草、小枝、枝、葉」などで筏を作るしかない。それらをつなぎ合わせ、「手と足を使って懸命に、なんとか対岸に渡る。」その筏が明らかに有用であるにもかかわらず、彼は目的を果たしたなら、それ以上は筏を運ぶ意味がないことに気づく。そこで彼は岸辺に筏を置き去りにし、旅を続ける。ブッダはこう結んでいる。「私はダルマがいかに筏に似ているかを示した(＊29)。」

この話は、ダルマがいかに便宜的なものであり、目前の緊急課題を達成するための手段であって、それ自体が何としても守るべき目的ではないことを示している。なすべきことをなすためには、その時点で利用可能な資源は何でも利用すれば良いことを強調している。そして、これらの資源が「ブッダが真に説いたもの」かどうかは問題ではない。重要なのは、そのような異質な要素の組み合わせが、川を渡るのに役立つかどうか。これだけである。仏教2.0もそうだ。このたとえ話に照らせば、「これは本当に仏教なのか？」と問うことはナンセンスである。問うべき質問は「その筏は浮いているか？」だけなのである。

◉注

＊1　Cupitt（2011）, p.100.

＊2　この引用文と、ブッダの最初の説法からのすべての引用文は、Batchelor（2015）の pp.334-335 に掲載されている私の訳によるものである。そのほかにも、マハーヴァッガ I.6（Horner, 1951）, pp.15-17、および Saṃyutta Nikāya 56:11（Bodhi, 2000）, pp. 1843-7 も参照。

＊3　Norman（2003）, p. 223.

＊4　テキストには文字通り「死後、如来は存在するのか、しないのか」と書かれている。この「如来」を「1つ」に置き換える理由については、Batchelor（2010）の263ページに記載されている。

＊5　Vattimo（2011）, p. 77 において、ヴァッティモはさらにこう付け加える。「すべての形而上学者が暴力的であったわけではないが、ほとんどの暴力の加害者の多くは形而上学者であったと言えるだろう。」

＊6　この点を説明するために、上座部仏教の正統派は、因果応報の形而上学に立ち返る。すなわち、bhava は kammabhava（「なること」を生み出す行為）と upapattibhava（それらの行為の結果として生じる「再びなること」）に分けられる。

＊7　Gombrich（2009）、第3章を参照。

＊8　Rig Veda X.129、John Peacock の翻訳による。

＊9　Brhad-āranyaka Upanisad IV. 4: 5-6. ,Radhakrishnan（1994）, p. 282.

＊10　この説話は「Kalahāvivādā Sutta（争いと論争に関する説話）」と呼ばれる。翻訳箇所は Norman（2001）, pp. 113-115 より引用。

＊11　Horner（1951）, p. 54.

＊12　Saṃyutta Nikāya. 12:1 については、私の翻訳、または Bodhi（2000）, p. 544 を参照。

＊13　Mūlamadhyamakakārikā. 15: 6-7., Garfield（1995）, p. 40.

＊14　たとえば Majjhima Nikāya 79. Ñāṇamoli and Bodhi（1995）, p. 655 を見よ。

＊15　Saṃyutta Nikāya. 12:65.,Bodhi (2000), pp. 601-4.

＊16　この都市は、四諦を縁起の十諦と併せて提示している。この十支縁起モデルは、大蔵経典では2度しか登場しない(ディガ・ニカーヤのマハーパダナ・スッタを参照)。無明（avijjā）と行（sankhāra）の最初の2つのリンクが省略されていることを除いては、十二支縁起モデルと同じである。これは、六支縁起から十二支縁起への理論の進化の過程で登場した中間バージョンであるようだ。

＊17　ブッダが教えた修行を、出産に例えたことは、マッジマニカーヤ p.141 の『真理の解説』という興味深い一節に示唆を受けた。この説法の中で、ブッダは最初の説法を行ったイシパタナに戻り、２人の主要な弟子であるサーリプッタとモッガッラーナとともに説法を行った。彼は聴衆に、この２人の弟子と友情を育むよう勧め、その道を実践するように促がす。すなわち「サーリプッタは妊婦（janetā）のようであり、モッガッラーナは助産婦（jātassa āpādetā）のようだ」と。このスッタは四つの「高貴な真理」の解説であると言われているが、ブッダにそれらを説明するように求められた際、サーリプッタの解説は四つの定義をカバーするが、それらを認識し、実行し、達成すべき四つの課題として説明する「最初の説法」の結論部分は無視している。

＊18　Saṃyutta Nikāya. 24:1., Bodhi (2000), pp. 991-2 を参照。

＊19　Saṃyutta Nikāya. 55:5., Bodhi (2000), p. 1792 を参照。

＊20　Saṃyutta Nikāya. 55:2., Bodhi (2000), p. p. 1789 を参照。

＊21　たとえば Sutta Nipāta. 231., Norman (2001), p. 29 を参照。

＊22　Saṃyutta Nikāya. 22:83., Bodhi (2000), pp. 928-9 を参照。

＊23　Majjhima Nikāya. 73.,Ñāṇamoli and Bodhi (1995), p. 597 を参照。

＊24　Saṃyutta Nikāya. 55:24., Bodhi (2000), p. 1813-16 を参照。

＊25　Saṃyutta Nikāya. 56:35., Bodhi (2000), p. 1860 を参照。

＊26　Saṃyutta Nikāya. 22:60., Bodhi (2000), p. 903 を参照。

＊27　Saṃyutta Nikāya. 35:13., Abridged., Bodhi (2000), pp. 1136-7 を参照。

＊28　前掲「はじめに」４節参照。

＊29　Majjhima Nikāya. 22., Ñāṇamoli and Bodhi (1995), pp. 228-9 を参照。

◉参考文献

Batchelor, Stephen. *The Faith to Doubt: Glimpse of Buddhist Uncertainty,* Counterpoint, 2015

Bodhi, Bhikkhu (Trans.). *The Connected Discourses of the Buddha: A New translation of Saṃyutta Nikāya*, Wisdom Publications, 2000

Cupitt, Don. *Turns of Phrase: Radical Theology from A to Z*, SCM Press, 2011

Garfield, Jay L. (Trans.). *The Fundamental Wisdom of the Middle Way: Nāgārjuna's Mūlamadhyamakakārikā,* Oxford University Press, 1995

Gombrich, Richard. *What the Buddha Thought*, Equinox, 2009

Horner, I. B. (Trans.). *The Book of Discipline*, Vol.4, Mahāvagga, Pali Text Society, 1951

Ñāṇamoli, Bhikkhu, and Bhikkhu Bodhi (Trans.). *The Middle Length Discourses of the Buddha: A Translatin of the Majjhima Nikāya,* Wisdom Publications, 1995

Norman, K. R. (Trans.). The Group of Discourses (Sutta- Nipāta), Pali Text Society, 2001

———, *Collected Papers*, Vol. 2, Pali Text Society, 2003

Radhakrishnan, S. The Principal Upaniṣads, HarperCollins, 1994

Vattimo, Gianni. *A Farewell to Truth,* Columbia University Press, 2011

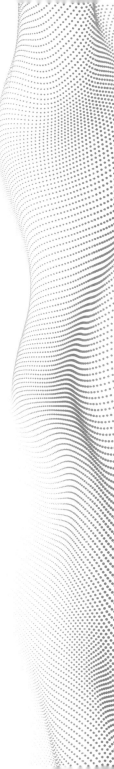

第4章

苦の捉え方について

鈴木健太
武蔵野大学通信教育部教授

1 はじめに

アジアを中心に紀元前5世紀頃から現代に至るまで、人々の間に受け継がれてきたものに「仏教」がある。仏教は時代を経て、各地に広がるなかで様々に変容していった。仏教が誕生したインドにおいては、初期の仏教から大乗仏教が現れ、さらにそこから密教が登場した。また、中央アジア、中国、日本などアジア各地において、その地その地で異なる要素を含む仏教が醸成されていった。仏教では「諸行無常」が説かれるが、仏教そのものも「無常」といえるかもしれない（もっとも、時代、地域を超えて変わらない部分もあるかもしれないが）。

その無常なる仏教、変容する仏教の系譜上にバチェラー氏が展開するSecular Buddhism（世俗仏教）も、ひょっとしたら位置づけられるかもしれない。バチェラー氏は、現代のとりわけ欧米で受け入れられるように、仏教に見られるインド固有の形而上学的な要素をそぎ落として、理性的に捉えられるものとして解釈し直そうとしている（*1）。

例えば、仏教に限らずインド発祥の宗教（ヒンドゥー教、ジャイナ教など）は、輪廻転生、つまり生きものは死後、別のものに生まれ変わるという考え方を前提としている。しかし、現代の科学的知見に基づけば、この考え方の当否は検証不可能なものである。したがって、科学的知見を基盤とする限り、仏教の中の輪廻転生を前提とする部分は思索や実践の根拠とすることはできないことになる。しかしながら、初期の仏教における中心的な教えである「縁起」や「四諦《したい》」も、この前提、すなわち生き物は輪廻転生するという前提に基づいて説明されることが少なくない。

また、仏教では、一切は苦であり、その苦は終滅されるべきであると伝統的に理解されてきた。それに対して、バチェラー氏は苦を滅するのではなく受け入れて自己の向上に繋げていくべきだという趣旨の考えを示している。本論考では、こうした苦の捉え方の相違点を整理し、バチェラー氏の苦の捉え方が、変容する仏教の中にどのように位置づけられるかということを考察していきたい。

【二】仏教における伝統的な苦の捉え方について

仏教では、自分の身体、精神などを苦と捉えることを、真理到達への歩みの一つとして位置づけていると、伝統的には理解されてきた。仏教の教えの特徴を表すとされる四法印にも「苦」が含まれており、釈尊が初めて他者に説いた教えとされる「四諦」にも「苦」が含まれている。「苦」とは仏教における重要概念の一つであると捉えることができそうである。

本論考でも、この「苦」について、詳細に取り上げていくことになるが、まずは仏教における「苦」に関する基本的な教えを整理しておきたい。

〔二-一〕初期仏教における無常・苦・無我

「諸行無常」「諸法無我」「一切皆苦」「涅槃寂静」は、後代、仏教における特徴的な教えとして「四法印」と呼ばれるようになった。「四法印」という呼称自体は後代のものではあるが、その教えの内容は初期より重要なものとされてきた。なかでも、今回扱う「苦」は、自らの精神や身体を捉える見方として、「無常」「無我」と関連させながら、初期仏教経典において盛んに説かれてきた。

そこで、〔世尊は修行僧たちにつぎのように〕いった。

「修行僧たちよ、身体は無常である。何であれ無常であるものは苦しみである。何であれ苦しみであるものは非我である。何であれ非我であるものは、「わたしのものではない、わたしはこれではない、わたし

の我（自己）ではない」と、このようにありのままに正しい智慧によって見るべきである。……」（＊2）

この箇所に続く部分では、四種の精神作用（感受作用、表象作用、形成作用、識別作用）について、それぞれ無常、苦、非我と捉えるように説かれている。さて、「無常」というのは、恒常なものではない、すなわち永遠に変わらないものではないという意味である。私たちの身体や精神作用は変化し続けており、常なるものではないというのである。

そして、右記の引用文では、そのように変化し続けているものは「苦」であると述べられているのである。では、苦とは何かという点については、初期仏教経典では特に説明されていない（＊3）。当時のインドにおいては説明不要の自明のことばだったわけである。仏典に登場する「苦」すなわち「duḥkha／dukkha」の様々な用例を考慮すると、私たちが日常生活の中で、身体的に、あるいは精神的につらいことに対して用いる「苦しみ」という意味合いを含みつつも、より幅の広い意味合いを有する言葉であると考えられる。現代の研究者は、「〜し難い」を意味する「duḥkha／dukkha」の用例などから、「苦」とは「思い通りにならないこと」を意味すると考えている（＊4）。

話を元に戻そう。右記引用の経典では、身体などを「無常」「苦」と捉えたあと、「非我」と捉えるべきであることが説かれている。「非我」の原語は「anātman」で「無我」と訳されることも多い。ここでは「身体は我ではない」ということを意味するという理解から「非我」と訳されている。なお、ここで「我」というのは、バラモン教でいうところの、常住不変のアートマンのことである。もろもろの生き物は不変のアートマンを有しており、それが死後、輪廻するときの主体となると、一般のインド思想では考えられていた。それに対して、仏教では、このアートマン観に基づく自己への執着こそが、迷いの世界に生まれ続けることの背景にあると考えた。そして、皆が執着する自身の身体や精神作用が、実は永遠不変のものではないと説き、自身への執着を戒めていったのである。苦しみを有する身体、精神作用などが、永遠不変のアートマンであるはずがないという理屈である。

このように、無常、苦、非我（無我）を関連づけながら、自己への執着を戒めていくのが仏教の基本思想の一つとしてあった。つまり、初期仏教において、物事を苦と捉える見方は、重要かつ中心的な考え方の一つだったのである。

[二-二] 初期仏教における四諦の説明

また、釈尊が初めて他者に説いた教えとされる「四諦（四聖諦）」も、仏教の中心的な教えとして伝統的に捉えられてきたといってよいだろう。例えば、初期仏教経典の一つである、相応部経典には以下のような説明が見られる（太字の語句は筆者加筆）。

じつに**苦聖諦**（尊い真理である〈苦しみ〉）は次のごとくである。生まれることも苦しみであり、老いることも苦しみであり、病《やま》いも苦しみであり、死も苦しみである。憂い・悲しみ・苦痛・悶えもまた苦しみである。憎い者に会うのは苦しみであり、愛する者と別れるのも苦しみである。求めるものを得られないことも苦しみである。要するに、執着の素因としての五つのわだかまり（五取蘊、身心環境）はすべて苦しみである。

じつに**苦集聖諦**（尊い真理である〈苦しみの生起の原因〉）は次のごとくである。それはすなわち、ふたたび迷いの生存をもたらし、喜びと貪りとをともない、ここかしこに愛着して歓喜を求めるこの妄執（渇愛）である。それはすなわち享楽的欲望を求める妄執と個体の生存をむさぼる妄執と生存の滅無を望む妄執とである。

じつに**苦滅聖諦**（尊い真理である〈苦しみの消滅〉）は次のごとくである。それはすなわち、その妄執を完全に離れ去った消滅であり、捨て去ることであり、放棄であり、解脱であり、こだわりのなくなることである。

じつに**苦滅道聖諦**（尊い真理である〈苦しみの消滅に導く道〉）は次のごとくである。これはじつに八項目よりなる尊い道（八正道）である。すなわち、正しい見解、正しい思惟、正しいことば、正しい行ない、正しい生活、正しい努力、正しい気づかい、正しい精神統一である。（＊5）

このように、私たちの身体・精神がすべて苦しみであること、苦しみの原因が渇愛（妄執）すなわち強い執着、欲望にあること、渇愛を離れることが苦の滅に繋がることが説かれていると伝統的に理解されてきた。

【三】バチェラー氏の苦の捉え方について

［三-一］バチェラー氏による四諦の説明

バチェラー氏は、この伝統的な四諦の捉え方に異義を唱えている。伝統的な四諦の解釈では、輪廻思想と関連づけて理解されることが標準的であるが、そのような捉え方は理性的ではないというのが彼の考えである。また、一方で、そもそも四諦の教えは形而上学的な真理を説くものではないとし、「四聖諦（四つの聖なる真理）」ではなく「四つの課題（The Four）」と呼ぶことを推奨している。

そして四諦の教えの目指すところについて、伝統的な理解のように「苦を滅する」と捉えるべきではないと彼は主張している。むしろ、苦を受け入れて、そこから良い生き方に繋げていくと捉えるべきとしている。

彼が四諦の教えを解釈し直して、再構成した「四つの課題」は次のようなものである。

（一）Embrace（苦しみの現実を完全に受け入れる）
（二）Let go（渇望、欲望を手放す）
（三）Stop（苦しみへの反応を止める）
（四）Act（生き方を修めて発展させる。その生き方は八正道に要約される）（＊6）

生まれ変わり、来世といった考え方を前提としない、この世における自己向上の教えとして再構成したものであると理解されよう。

［三-二］「一切皆苦」の見直し

またバチェラー氏は、「一切は苦である」という伝統的な仏教の理解に対しても見直しを迫っている。彼は、初期仏教経典である相応部経典の中に、「人生は苦しみ以外の何物でもない」という誤った信念を抱いているリッチャヴィ族の貴族マハーリに対して、仏陀がその考えを訂正する話が説かれているという。

バチェラー氏によれば、その経の中で仏陀は「もし、この人生が、マハーリよ、もっぱら苦しみに染まっていたら、そしてそれが快楽にも染み込んでいなかったら、生きとし生けるものはそれに夢中にならなかったでしょう」と説いているという。そして、この記述などを手掛かりに、仏陀は世の一切が苦であると捉えていないのではないかとバチェラー氏は主張している。（＊7）

【四】初期仏教における楽と苦の捉え方

こうしたバチェラー氏の理解は妥当であろうか。まず、バチェラー氏が言及した相応部経典の記述を確認するところから話を進めていきたい。

[四-二] 相応部経典におけるマハーリと釈尊の問答について

前述のように、バチェラー氏は、リッチャヴィ族のマハーリと釈尊との問答を、仏陀が一切皆苦の考え方とは異なる考えを示していた例として挙げていた。しかしながら、具体的な経文を見ていくと、おそらく経文の意味するところはバチェラー氏の意図するところと異なっていると考えられる。以下に詳しく見ていきたい。

まず、マハーリからブッダに対して、「人々が汚れる因とは何ですか。縁とは何ですか。どのようにして〔人々は〕因と縁によって汚れるのですか」という問いが投げかけられるところから本格的な問答がスタートする。その問い対して、仏陀は次のように述べた。

マハーリよ、この身体というものが苦しみばかりであり、苦しみを受け、苦しみをもたらし、楽しみをもたらさなければ、人々は身体に執着しないであろう。しかし、マハーリよ、なるほど、身体というものは楽しいものである。楽しみを受け、楽しみをもたらし、苦しみをもたらさない。それゆえ、人々は身体に執着する。執着するので束縛される。束縛されるので汚れるのである。マハーリよ、これも人々が汚れる因であり、縁である。このようにしても、人々は因と縁によって汚れるのである。(*8)

この一節では、確かに身体は「楽しみをもたらし、苦しみをもたらさない」と述べられている。ここだけ取り出せば、一切皆苦でない見方を示していると言いうるかもしれない。しかし、文脈を捉えると異なる見方が現れてくる。釈尊は五蘊の色(身体)に続いて、精神の感受作用、表象作用、形成作用、識別作用について同様のことを述べた後、次のように述べている。

マハーリよ、この身体というものが楽しみばかりであり、楽しみを受け、楽しみをもたらし、苦しみをもたらさなければ、人々は身体について厭わないであろう。しかし、マハーリよ、いいかね、身体というものは苦しいものである。苦しみを受け、苦しみをもたらし、楽しみをもたらさない。それゆえ、人々は身体について厭う。厭うと染まらない。染まらないので清浄になるのである。マハーリよ、これが人々が清浄になる因であり、縁である。このようにして、人々は因と縁によって清浄になるのである。（＊9）

このようにマハーリに対する釈尊の回答をつぶさに見ていくと、「身体というものは楽しいものである」、「楽しみを受け、楽しみをもたらし、苦しみをもたらさない」という表現がないわけではない。しかし、それは束縛、汚れをもたらすものであり、仏教的には間違った見方として挙げているものである。逆に、「身体というものは苦しいものである。苦しみを受け、苦しみをもたらし、楽しみをもたらさない」という見方こそが、人々を清浄にしていくものであり、ここで釈尊が勧めているものなのである。

つまり、このマハーリと釈尊の問答の中に、バチェラー氏が解釈するように一切皆苦ではない考え方が示されているわけではあるが、それは良くない考え方として示されていたのである。

［四-二］「楽しい」という表現について

同じ言葉が用いられていても、状況によって意味するところが異なることは少なくない。私たちの日常生活の中でも、それはしばしば実感しうることだろう。仏典における「苦」や「楽」も常に同じ意味合いで用いられているわけではない。そのことを念頭に置きつつ、次の『ダンマパダ』の一節を見ていきたい。

怨みをいだいている人々のあいだにあって怨むことなく、われらは大いに楽しく生きよう。怨みをもっている人々のあいだにあって怨むことなく、われらは暮らしていこう。悩める人々のあいだにあって、悩みなく、大いに楽しく生きよう。悩める人々のあいだにあって、悩みなく暮らそう。貪っている人々のあいだにあって、患いなく、大いに楽しく生きよう。貪っている人々のあいだにあって、貪らないで暮らそう。われらは一物も所有していない。大いに楽しく生きて行こう。光り輝く神々のように、喜びを食む者となろう。(＊10)

ここでは、生きることが楽しいと表現されており、一見したところ「一切皆苦」とは方向性が異なることを言っているように思われるかもしれない。しかし、次の一節を見ると、苦の原因となる渇愛が捨てられるべきという、伝統的な考え方の中におさまることがわかるだろう。

つまらぬ快楽を捨てることによって、広大なる楽しみを見ることができるのであるなら、心ある人は広大な楽しみをのぞんで、つまらぬ快楽を捨てよ。他人を苦しめることによって自分の快楽を求める人は、怨みの絆にまつわられて、怨みから免れることができない。なすべきことを、なおざりにし、なすべからざることをなす、遊びたわむれ放逸なる者どもには、汚れが増す。(＊11)

ここを見ると「楽しく生きよう」というのは、「つまらぬ快楽を捨てること」によって成りたつことがわかる。ここでいうところの、つまらぬ快楽を捨てた広大な楽しさというのは、四諦の教えで説かれるところの、渇愛を捨てた先にある涅槃の状態と意味的に重なり合う。

［四-三］苦楽を超えた苦というもの

以上、人生を楽しいと捉えるような、初期仏教経典中の表現を見てきた。しかし、日常的な楽しさは否定的に捉えられるものであった。また、通常の楽しさ、快楽を離れた楽しさについて言及する例もあったが、それは涅槃のように渇愛を捨てきり心鎮まった状態を表すと理解される。さて、このように諸々の日常的な楽を否定的に捉える仏教の態度に対して、日常的な楽を肯定的に捉えるべきではないかと考える人もいるかもしれない。初期仏教経典では、そのような考えに一応の配慮がなされつつも、最終的にはやはり人生は苦であると言い切っている。

楽であろうと、苦であろうと、非苦非楽であろうとも、内的にも外的にも、感受されたものはすべて、「これは苦しみである」と知る。（＊12）

一時的に楽であることもあるかもしれない。しかし、結局のところ生きていていろいろと五感を働かせていく中で感じ取っていくものは、すべて苦であるというのである。例えば戦時下を想像してみると理解しやすいかもしれない。戦時下においても、食事をする瞬間や、人との交流がなされる瞬間など楽しいひとときがあるだろう。しかし、一歩引いて状況を捉えてみると、やはり根本的には苦しみの状態にあると言わざるをえない。それと同様に、人生の一コマにおいて「楽」と感じることがあるかもしれないが、根本的には人生を苦しみの状態と仏教では捉えているのである。

人生を苦しみと捉えざるをえない人に対して、それを解決するための手立てを示してきたのが仏教ということになる。

【五】「苦を受け入れる」とは異なる考え方

［五-一］苦しみに満ちた人生の例

「苦を受け入れる」ことができる前提として、それをポジティブに展開できる状況が暗黙裡に想定されているのではないだろうか。しかし、果たしてそのような状況ばかりであろうか。以下の経典の記述は、苦を受け入れることをポジティブに展開することが難しい状況を示すものである。

（他の婦人と）夫をともにすることもまた、苦しみである。また、ひとたび、子を産んだ人々も〔そのとおりで〕あります。か弱い身で、みずから首をはねた者もあり、毒を仰いだ者もいます。死児が胎内にあれば、両者（＝母子）ともに滅びます。

わたしは、分娩の時が近づいたので、歩いて行く途中で、わたしの夫が路上に死んでいるのを発見しました。

わたしは、子どもを産んだので、わが家に達することができませんでした。

貧苦なる女（＝わたし）にとっては二人の子どもは死に、夫もまた路上に死に、母も父も兄弟も同じ火葬の薪で焼かれました。……

さらにまた、わたしは、それを墓場の中で見ました。――子どもの肉が食われているのを。

わたしは、一族が滅び、夫が死んで、世のあらゆる人々には嘲笑されながら、不死〔の道〕を体得しました。

わたしは、八つの支分よりなる尊い道、不死に至る〔道〕を実修しました。わたしは、安らぎを現にさとって、真理の鏡を見ました。

すでに、わたしは、〔煩悩の〕矢を折り、重い荷をおろし、なすべきことをなしおえました。と、キサー・ゴータミー長老尼は、よく解脱心がすっかり解脱して、この詩句を唱えた。（＊13）

この仏典が伝えるキサー・ゴータミーの言葉によれば、彼女は子供が死に、夫が死に、母も父も兄弟も死んでいる状況であった。そして、彼女はこのような苦しみを受け入れるのではなく、逃げることを選んだのである。彼女は、苦しみに満ちた世俗から逃れ、仏教僧団に身を寄せた。そして八正道を実践し「不死を体得した」、すなわち繰り返し生死を重ねていくという輪廻生存からの解脱を得たというのである。

このような状況の人に対して、果たして「苦を受け入れなさい」と言うことができるだろうか。このキサー・ゴータミーのような人は、現代においてもそれほど特別な存在ではない。現在でも、戦争・紛争で苦しみに満ちた人生の歩みを重ねている人は少なくない。また、自然災害によって、多くの苦しみを体験している人もわが国には大勢いる。そのような人には、「苦を受け入れる」のではなく、苦から離れることを模索する伝統的な仏教理解のほうが有効である可能性もある。

［五―二］苦の終滅という考え方

苦から離れる考え方とは、どのようなものであろうか。その代表的な用例は、一切は苦であり、その苦の生起の原因は渇愛であり、渇愛を滅すれば苦が滅するのであり、渇愛を滅するための方法（八正道）があるという、前述した四諦の教えである。

ただし、苦から距離を取ろうとする考え方は、四諦を説く場面だけでなく、初期仏教経典の様々なところに登場しており、初期仏教を貫く重要な考え方であったことを窺い知ることができる。まず、「苦しみの終滅」を意味する表現の用例を幾つか紹介したい（傍線は筆者加筆）。

（一）『スッタニパータ』より

やすらぎ（ニルヴァーナ）に達するために、苦しみを終滅させるために、仏の説きたもうおだやかなことばは、じつにもろもろのことばのうちで最上のものである。（＊14）

ここでは、苦しみを終滅させるための仏の言葉が最上のものであることが述べられている。

（二）『ウダーナヴァルガ』より

この世で妄執（渇愛）を断ち切って、静かならしめ、すべての塵汚れをおさめて、河の水を乾かしてしまったならば、苦しみが終滅すると説かれる。……苦しみと苦しみの原因と苦しみの止滅とそれに至る道とをさとった人は、一切の悪から離脱する。それが苦しみの終滅であると説かれる。（＊15）

ここでは、渇愛を断ち切ることが苦しみの終滅に繋がること、そしていわゆる苦集滅道の四諦をさとる人は苦しみの終滅を迎えることが説かれている。

これらのように、苦しみを受け入れるのではなく、苦しみのはたらきを止め、終滅させることを説く用例は少なくない。

［五―三］苦を捨てる、除くという考え方

また、「苦を終滅する」という表現とは若干異なるが、類似した意味合いのものとして「苦しみから脱れる」、「苦しみを捨てる」、「苦しみを除く」という表現がある。次にこれらの用例を確認していきたい。

（一）『テーリー・ガーター』より

世の人々のことについて、聖者〔ブッダ〕は、善き友と交わることをほめたたえられました。善き友だちに親しむならば、愚者でも、賢者となるでありましょう。

立派な善人たちに親しむべきである。そのように〔立派な〕人たちに親しむ人々の智慧は、増大します。立派な人たちに親しむならば、かれは、あらゆる苦しみから脱れるでありましょう。

ひとは、四つの尊い真理、すなわち——苦しみと、苦しみの生起と、〔苦しみの〕終滅尽と、そして、八つの支分よりなる道（＝八正道）とを識知すべきであります。（＊16）

ここでは、四諦に言及する前の箇所で「苦しみから脱れる」ということが説かれている。この用例からも四諦は「苦しみを受け入れる」教えとして理解するのではなく、苦しみから離れ距離をとることを意図した教えであると理解すべきであることがわかる。

（二）相応部経典より

〔神が問うていう、〕

「羚羊の脛のように、ほっそりしていて、しかも雄々しく、食物を摂ること少なく、貪り求めることなく、獅子や象のように独り歩み、もろもろの欲望を顧みない人のことを、〔尊師（世尊）に〕近づいて、われらはおたずねします。どのようにしたならば、苦しみから離脱できるのでしょうか。」

〔尊師が答えていう、〕

「世間には五つの愛欲の要素（**眼・耳・鼻・舌・触覚器官**（**皮膚**）**という五つの感覚器官の対象**）がある。心は、第六のものである、と説かれている。ここで欲求を断ったならば、このように苦しみから解脱する。」（＊17）

ここでは、苦しみから離脱する方法が問われており、苦しみから離れる、脱することが目指されていることがわかる。また、愛欲の対象となるようなものへの欲求を断つことによって、苦しみから逃れられることが説かれている。渇愛の滅によって苦の滅を説く四諦の教えと、方向性は重なっている。

(三)『スッタニパータ』より

聖者さま。あなたが懇切に教えみちびかれた人々もまた今や苦しみを捨てるでしょう。竜よ。では、わたくしは、あなたの近くに来て礼拝しましょう。先生！　どうか、わたくしをも懇切に教えみちびいてください。(＊18)

ここでは、ブッダによって教えみちびかれた人々が、苦しみを捨てることが述べられている。「捨てる」というのも、苦から離れるという点で、前述の（一）・（二）の用例と意味するところはほぼ同じである。

(四)『テーラ・ガーター』より

かれは、もろもろの色・形になずまない。色・形を見ては、よく気をつけている。心に愛執を離れて感知し、しかもそれに執着していない。
かれは色・形を見て、感受作用を感じていても、〔業が〕尽きて、もはや積まれることがないように、気をつけて暮らしている。かれはこのようにして苦しみを除いていくので、やすらぎはかれの近くにある、といわれる。(＊19)

視覚器官の対象への執着をしないことによって、苦しみを除き、それによってやすらぎが得られることが説かれている。ここでも苦しみは除かれるべきであることが説かれている。

（五）相応部経典より

〔チャーラー尼いわく〕

「……ブッダは真理を説かれました。一切の苦しみを除くために、生を超越することを。ブッダはわたしを真理のうちに導き入れてくださいました。」（＊20）

ここでは、ブッダが一切の苦しみを除くために、真理を説かれたという報告がなされている。

以上、見てきたように、初期仏教経典では基本的に、苦を受け止めて、それをポジティブに展開するのではなく、離れるべき、終滅すべきネガティブなものとして苦が語られているのである。

【六】対機説法という観点から

次に、初期仏教経典に説かれる教えの多様性という観点から、四諦の説明を試みていきたい。釈尊は、聞き手の能力に応じて説き方、説く内容を変えていたとされる。出家信者には出家信者向けの教えを、在家信者には在家信者向けの教えを説いていた。また、仏教以外の信仰を持つ人に対しても、それに応じた説法をしていた。

例えば、釈尊は、父の遺言を守って六つの方角（東西南北上下）を礼拝していた非仏教徒のシンガーラに対して、仏教特有の教えを教え込むようなことはしなかったと伝えられている。釈尊はシンガーラの礼拝習慣を否定することなく、その礼拝に一般的な倫理的な意味合いを加えるような教えを説いていった。何も考えずに礼拝するのではなく、東方を礼拝する時には父母のことを考えて礼拝するように、南方を礼拝する時には師匠のことを考えて礼拝するように、といったようにである（長部経典第31経『シンガーラ経』参照）。

また、仏教に関心を向ける人に対しても、いきなり核心的な教えは説かなかったと伝えられている。釈尊は、以前の修行仲間であったコンダンニャなどの5名に対して初めて教えを説いたのであるが、その次に資産家の息子であるヤサに対して教えを説いたとされる。

良家の息子ヤサに対し、世尊は順序だった話を話した。すなわち、贈与の話（施論）、習慣の話（戒論）、天界の話（生天論）、もろもろの快楽の〔もたらす〕危険と堕落と汚濁、そして出離における功徳を説き明かした。世尊は、良家の息子ヤサが健全な心、柔軟な心、偏見のない心、歓喜の心、澄んだ心になったことを知ると、そこで、諸仏の卓越した説法を説き明かした。すなわち、苦と原因と停止と道である。（＊21）

釈尊は、在家信者、すなわち日常生活を続けながら仏教を信仰していた者に対しては、基本的には布施、持戒、生天を説いていた。それは、輪廻転生を前提としつつ、毎日の暮らしの中で出家信者などに布施を行い、戒めを守ることをすれば、死後、人間よりも理想的な生まれである天、すなわち神として天界に生まれることができるという教えであった。

ヤサにもこの在家信者向けの教えを最初に説いたわけであるが、しかしヤサが一段上の段階に到達したことを見て取ると、そこで「苦と原因と停止と道」、すなわち四諦の教えを説いたというのである。このことと、初転法輪において、長らく修行生活を送っていた者に対して四諦が説かれたことを合わせて考えると、四諦の教えは基本的に出家信者向けの教えであったと理解できる。（＊22）

もともと、四諦の教えは、俗世間から離れ修行に専念したいと願う者たちに対する教えであった。彼ら、彼女らには、俗世間を苦しみに満ちたものとして厭う気持ちがあったに違いない。バチェラー氏が試みたように、このような出家信者向けの教えを、在家的性格を持つ世俗仏教の教えに改変するのはやはり少し無理があるのではないだろうか。

いわゆる初期仏教においても在家信者向けの教えは存在するし、在家信者と出家信者の教えを一本化しようとした大乗仏教にも在家信者向けの教えはある。四諦の教えではなく、これらの教えの中に、世俗仏教を深化させていく直接的な手がかりがあるのではないだろうか。

【七】大乗仏教における苦の捉え方

さて、初期の仏教文献において「苦」とは、捨てられるべきものであり、終滅させられるべきものであることが確認できただろう。それはバチェラー氏の主張の方向性とは異なるものであるということができる。一方、仏教の中にもバチェラー氏のように苦をポジティブに捉えようとする考え方がなかったわけではない。紀元前後頃、大乗仏教が登場し、その後様々な思想が誕生していくなかで、苦の捉え方も多様な展開を見せていくことになった。その中には、部分的にバチェラー氏の考え方に近しいものもある。

［七-一］般若経典における苦の捉え方

初期仏教においては、人々が永遠不変の「我」だと捉えているもの、それが実は「我」ではないということを丁寧に説き、自らへの執着が戒められていった。一方、大乗仏教の中心的な経典の一つである般若経においては、「我」だけではなく、あらゆるものへの執着が戒められていった。そのあらゆるものの中には、初期仏教で大切にされてきた「涅槃」や聖者の階位、また、般若経の中で重要なものとして説かれている「般若」(智慧)ですら含まれていった。

有名な般若経典の一つに『般若心経』がある。同経に「無苦集滅道」というフレーズがあるが、初期仏教で大切にされてきた「苦集滅道」すなわち四諦ですら「無い」、すなわち固定的なものとしては存在しないと説かれているのである。それは、初期仏教における四諦という教説への執着を戒めることが意図されている。「苦」ということに焦点をあてるならば、「あらゆるものは苦である」という捉え方に囚われてはいけないことになる。この考え方は、一切皆苦という見方から距離をとろうとしている点で、バチェラー氏の考え方と近しいといえるかもしれない。

[七-二] 忍辱について

一方、そのように伝統的な仏教の苦観を否定するだけでなく、苦に積極的な意味合いを持たせる教え、実践法がある。それが大乗仏教の代表的な修行法の一つである忍辱《にんにく》波羅蜜である。

忍辱波羅蜜は、大乗仏教における菩薩の代表的な実践方法である六波羅蜜の一つである。忍辱波羅蜜のほかには、布施波羅蜜、持戒波羅蜜、精進波羅蜜、禅定波羅蜜、智慧波羅蜜があり、これらは初期仏教以来の中心的な仏教実践である「三学」、すなわち戒定慧を拡大したものと見ることもできる。戒定慧というのは、戒めを守ること、瞑想を行なうこと、智慧を身につけることである。この三学に布施、忍辱、精進を加えたものが六波羅蜜であるが、そのうち忍辱は苦を前提とする実践とみることができる。

一例として『大般若経』における忍辱の内容を紹介すると、論争などで責められても悪意をなさず耐えること、罵《ののし》られても罵らずに耐えること、自らに罪咎がないにもかかわらず不当な扱いを受けても怒らないことなどが説かれている。また、責められ、罵られるなどといった諸々の苦しみに耐えることに功徳があり、それはこの上無い悟りに繋がりうるものであるという考え方が示されている。

自らの苦しみを受け止めて、それをプラスに転換しようとするという点で、この忍辱の教えはバチェラー氏の考え方に近い。ただし、その目指すところは異なる。忍辱の実践が悟りを開きブッダに成ることを目指すのに対して、バチェラー氏は世俗生活の中での向上を目指しているからである。

〔七-三〕代受苦について

また、大乗仏典には、しばしば「代受苦」という考え方が登場する。これは、自己の苦を受け止めるのではなく、他者の苦を代わりに受け止めるという考え方である。例えば『華厳経』に次のような一節がある。

〔菩薩摩訶薩は、〕大悲心を起こして、一切衆生に代わって、一切の苦の毒を受けるからである。(＊23)

ここでいう「大悲心」とは、大いなる慈しみの心のことである。偉大なる菩薩、すなわち大乗仏教の修行者は、慈しみの心から一切衆生の苦を代わりに受けるというのである。先の「忍辱」が基本的には自らを高める修行であるのに対して、この「代受苦」の教えは自らの向上ではなく、他者を救うことが意図されている。苦しみにまみれた衆生はなかなか悟りに向けての歩みを進み始めることができない。そこで、偉大な菩薩が、まず衆生の苦しみを代わりに受け止めて、衆生を悟りに向かわせようとする意図がそこにある。つまり、他の衆生を悟りに向かわせるための手立ての一つがこの「代受苦」という教えなのである(＊24)。

この「代受苦」の教えは、バチェラー氏の考え方とは「苦を受け止める」という共通点が確かにある。しかし、「代受苦」は、自らの苦ではなく他者の苦を受け止めることであること、そしてそれが自らの向上ではなく他者の向上につなげていくものであることという点で、バチェラー氏の考え方とは異なる。

【八】おわりに

以上、初期仏教経典、大乗経典の記述と照らし合わせながら、バチェラー氏の苦の捉え方がどのように位置づけられるかを検討してきた。

バチェラー氏は、苦を滅するのではなく受け入れるべきであると説き、苦観と関連する四諦の教えを形而上学的なものではなく、現実社会で機能するように再構成して示した。しかし、このようなバチェラー氏の考え方は、初期仏教経典の記述とは異なるものであった。

一方、大乗仏教になると、いったん苦を受け入れる、あるいは受け止めるという考え方がしばしば強調されるようになった。「忍辱波羅蜜」と「代受苦」がその代表的なものである。この点で、初期仏教よりも大乗仏教のほうがバチェラー氏の考え方に近い要素を持ち合わせているということができるだろう。

ただし、「忍辱波羅蜜」が、さとりに繋げていくことを志向する修行であるのに対して、バチェラー氏は現実生活における自己向上を志向している。また、「代受苦」の考え方は、他者のために他者の苦を受けとめるものであるが、バチェラー氏の考えは、基本的には、自己のために自己の苦を受け入れるというものである。このような差異はあるが、苦を受け止めてそれをポジティブに展開しようとする方向性は、大乗の「忍辱波羅蜜」や「代受苦」の教えと、バチェラー氏の考え方で共通している。

以上のことから、以下のことがいえるかもしれない。バチェラー氏の苦の捉え方は、四諦を始めとする初期仏教の教えに直結させることはできないが、大乗仏教の考え方とは一部共通点が見られた。この点を踏まえると、バチェラー氏の考え方は、初期仏教を経て登場した大乗仏教的な考え方をインド的な前提を除いて現代社会に合うようにアレンジしたものと捉えることができるかもしれない。

◉略号

SN: *Saṃyutta-Nikāya*, ed. L. Feer, vol. I-V, PTS, 1884-1898.
Sn: *Sutta-nipāta*, ed. D. Andersen and H. Smith, PTS, 1913.
Dhp: *Dhamma-pada*, ed. O. von Hinüber and K. R. Norman, PTS, 1994.
Therag: *Theragāthā*, ed. K. R. Norman and L. Alsdorf, PTS, 1966.
Therīg: *Therīgāthā*, ed. K. R. Norman and L. Alsdorf, PTS, 1966.
Udv: *Udāna varga*, ed. F. Bernhard, Vandenhoeck & Ruprecht, 1965.
Vin: *Vinaya*, ed. H. Oldenberg, 5vols, PTS, 1879-1883.

◉注

＊1　後述するように、バチェラー氏は輪廻転生を形而上学的な問題として位置づけているようである。しかし、仏教が誕生した古代インドにおいては、基本的には形而下の問題のように捉えられていたと考えられる。バチェラー氏は、インド文化外の人にとって古代インドの救済論が有効でないことを主張しているが、逆に言えば、インド文化内にある人にとっては、依然として伝統的な救済論が有効であることを彼が認めていると考えられる（Batchelor〔2017:79〕参照）。
＊2　SN vol. III,82-83、及川等（2012:143）参照。
＊3　玉城（1980:106）、三枝（1998:173-174）参照。
＊4　中村（1993:345-346）参照。
＊5　SN vol. V, 421-422、中村（1994:348-349）
＊6　Batchelor（2017:98）参照。

＊7 Batchelor（2017:104）参照。
＊8 SN vol. III,69、及川等（2012:117）
＊9 SN vol. III,70、及川等（2012:119）
＊10 Dhp 197-200、中村（1993:846）
＊11 Dhp 290-292、中村（1993:847）
＊12 Sn 738-739、中村（1993:355）
＊13 Therig 216-223、中村（1980:52-53）
＊14 Sn 454、中村（1993:887）
＊15 Udv 26.15-18、中村（1978:242-243）
＊16 Therig 213-215、中村（1980:52）
＊17 SN vol. I,16、中村（1993:884）
＊18 Sn 1058、中村（1984:222-223）
＊19 Therag 806-807、中村（1993:909）
＊20 SN vol. I, 132、中村（2011:208）
＊21 Vin vol I,15-16、馬場（2018:111-112）参照。
＊22 馬場（2018:112）参照。
＊23 『大正新脩大蔵経』第9巻 634c
＊24 戸田（2010:26-37）参照。

◉参考文献

Stephen Batchelor［２０１７］“Secular Buddhism Imagining the Dharma in an Uncertain World,” Yale University Press.

及川真介・羽矢辰夫・平木光二訳［２０１２］『原始仏典Ⅱ　相応部経典第三巻』春秋社.

三枝充悳［１９８８］「無常・苦・無我」『岩波講座東洋思想第９巻 インド仏教２』岩波書店、pp.172-197.

玉城康四郎［１９８０］「原始仏教における苦の考察」『仏教思想５　苦』平楽寺書店、pp.95-199.

戸田裕久［２０１０］「廻向と代受苦――抜苦・受苦・忍苦の菩薩行に関する一考察――」『法華文化研究』36号、pp.17-46.

中村　元［１９７８］『ブッダの真理のことば 感興のことば』岩波書店.

［１９８０］「苦の問題」『仏教思想５　苦』平楽寺書店、pp.1-93.

［１９８４］『ブッダのことば』岩波書店.

［１９９３］『中村元選集〔決定版〕第15巻　原始仏教の思想Ⅰ』春秋社.

［１９９４］『中村元選集〔決定版〕第16巻　原始仏教の思想Ⅱ』春秋社.

［２０１１］『原始仏典Ⅱ　相応部経典第一巻』春秋社.

馬場紀寿［２０１８］『初期仏教　ブッダの思想をたどる』岩波書店.

第5章

禁止から誓いへ

西本照真
武蔵野大学学長

【一】はじめに

自己と世界の開かれた関係性を主体的に構築していくための内的規範たる個々人の倫理観をよりよい方向へと形成していく上で、ブッダ・ダルマが果たすべき役割は何であろうか。自己と世界のよりよい関係性の構築にブッダ・ダルマはいかなる貢献をなしうるだろうか。

ブッダ・ダルマの本質は、千変万化する自己と世界の関係性への目覚めであり、その目覚めの内容を可能な限り言語化し、人々の実践的変化を促すことにある。縁起や空の思想が単なる世界の真理を明かすものとしての地位にとどまることなく、人々の生きる営みの只中に届けられ、届いた人々が倫理的にも宗教的にも真実に目覚め実践者となっていく道を歩み始める、そのような人格向上を促す力がブッダ・ダルマにはある。学校法人武蔵野大学が２０２４年、創立１００周年を迎え、その記念事業プロジェクトとしてカンファ・ツリー・ヴィレッジ・プロジェクトが進行中であるが、このプロジェクトの目的もまた現代世界の諸課題の解決に向けブッダ・ダルマの今日的な意義と貢献の可能性を問い、世に明らかにしていくことにある。「カンファ・ツリー」とは「楠」の英語名であり、学祖高楠順次郎の苗字を冠したこのプロジェクトの願いは学祖の願い、さらにはブッダの願いにも通じるものであろう。１００周年を迎えるにあたり、その願いを改めて確認したいというのが本稿のめざすところである。

したがって、本稿では、２５００年もの間、ブッダ・ダルマを根幹として連綿として継承されてきた仏教という宗教運動が、人々の倫理的実践においていかなる役割を保持しうるかという点を問題意識として堅持しつつ論攷を進めるのであるが、まずは、学校法人武蔵野大学の前身となる武蔵野女子学院を１９２４年に創設し、ブッダ・ダルマに基づく仏教教育を展開した高楠順次郎の人格形成思想の特質について明らかにしたい。続いて、武蔵野大学の建学の精神の基盤に据えられている四弘誓願の倫理性について考究し、ブッダ・

ダルマに基づく倫理的実践への架橋としたい。

本稿の背景についても触れておく。２０２３年秋にカンファ・ツリー・ヴィレッジ・プロジェクトの第２回対話が「倫理」をテーマとして開催された。メイン対話者としてセキュラー・ブディズムの提唱者であるスティーブン・バチェラー氏をイギリスから招き、日本の哲学会をリードする武蔵野大学一ノ瀬正樹教授との３日間にわたる濃厚な対話が繰り広げられた。そこで得られた実に潤沢な刺激、問題意識、気づきなどが、本稿の随所に注ぎ込まれている。また、１００周年の記念イヤーである２０２４年４月に開催された武蔵野大学第６４８回日曜講演会における筆者の「宇宙人のすすめ」と題した講演が次節の高楠順次郎の人格形成論に関する考察のベースになっている。

【二】高楠順次郎の人格形成論：凡人格から宇宙人格へ

本節では、仏教が人間の人格形成にどのような持続的な力を発揮しうるか、その可能性と意義を見極め、それに基づいた教育を実践しようとした近代日本の仏教学者高楠順次郎の仏教的人格形成論に基づき、仏教が人格形成の倫理教育に果たす役割を明らかにしてみたい。高楠順次郎は日本における近代仏教学を切り開いた先駆者の一人であり、彼の学問研究の業績は今日に至るまで仏教研究者の裨益するところである。その一方で、教育的実践者としての高楠順次郎の果たした役割も極めて重要である。学校法人武蔵野大学は２０２４年に創立１００周年を迎えたが、その創建は１９２４年に高楠が開学した武蔵野女子学院に端を発するのであり、仏教精神にもとづく人格教育を掲げて１００年の歩みを不断に続けて今日に至っている。以下、高楠順次郎著『生の実現としての仏教』を中心とした高楠の仏教的人格形成論について概観してみたい。

[二—一] 理想と人格の関係

まず、人格と理想の関係について、高楠は次のように述べている。

人格は理想に依って出来るのであるからして、我々の人格は理想に正比例するとみなければならぬ、故に理想が高まるに従って人格が高まり、人格が高まるに従って高い理想が現出するのであるからして、人格は即ち理想の表現を意味するのである。理想があるからして人格が進み、その進んだ人格が相当の理想を現はすのである。孰方から云っても同じことである、それ故に人格と理想とは離れないものである、理想と云ふものは我々は皆有って居る、その人格に相当した理想を有って居る、大きい人格の所有者は大きい理想を有って居り、小さい人格の所有者は小さい理想を有って居る。(高楠順次郎著『生の実現としての仏教』、pp.11-12、大雄閣、初版大正13年、昭和3年20版、以下、同書からの引用は頁数のみ示す)

これによると、人格の向上と理想は相互に影響を与えつつ、更なる高みに向かって変化していくものであり、人格向上を目指す上でまずは高い理想を掲げることが肝要であると説いている。しかし、高い理想を自らの人格の器において掲げることは容易ではない。ならば、いかにして理想を高く掲げることが可能であるか。高楠は、大人格の上に顕れた大理想を仰ぐことによって、自身の理想をより高く掲げていくことの大切さを次のように説いている。

[二—二] 自己の理想(自我の光り)と大理想(太陽の光り)との関係

一般に自我の光りで向上して行かうと云ふことは到底出来るものでない、宗教の信仰の方面より云へば自我の光りは到底役に立たぬものである、それを何時までも役に立たせてやって行かうと云ふのも宗教の修養であり、釈迦如来の実例もあるけれども、釈迦如来大自覚の実例ある以上、如来の大人格の上に顕はれた大理想を仰ぐのが、速に自我の光りを完成せしむる方法である、これに気の着いた時絶対の光りが真の光明であって、自我の光りと思ったのは恰も蝋燭や提灯の光りの如きもので闇黒も同然であったことが分るのである。斯くして見附けた所の太陽の光り、即ち絶対他力と云ふことが信仰の窮極であることが判る、理想なれば自分の作る理想も理想に違ひない、全く理想の無い者は堕落であるから、自己の理想で向上の道は辿って行くけれども、この自分の理想が物質的から精神的に進み、精神的から宗教的に進み、特殊的より一般的に成り、個人的から超個人的に向ふに従って自我の光りの微弱なるを悟る、この素養と云ふものは宗教的には大変な素養である、この素養が出来上がらなければ本当の理想を掴むことは出来ない、斯う云ふことに気附いた時に初めて真の理想に直面するのである。（同、p.50）

ここでは、自己自身において大いなる理想を抱き、その理想を完成させた釈迦如来のような実例もあるけれども実際にはそのような方法論はなかなか成功させることが難しいこと、むしろ釈迦如来の実例をよりどころとして如来の大人格の上に顕はれた大理想を仰ぐことが速に自我の光りを完成していく方法であること、そしてそのような宗教的素養（大本の養い）を育んでいくことが仏教主義に基づく人格向上教育の何よりも第一義の点であることを説いている。高い大理想が見えてくれば、自身がこれまで自身の力の範囲で理想としてきたものが如何に覚束なきものであるか明らかとなる。つまり釈尊の大理想を仰ぐことによって、自己の矮小さ、自己の限界が同時に見えてくる。そのことを次のように説いている。

自分の理想は役に立たないものであると知り、これを捨てたときに初めて我々は最高の理想の国に到達することが出来るのである。さうすると理想は捨てたと思ったけれども、捨てたのではない、自己の理想を如来の大理想の中に見出だすのである、即ち、如来の大理想が実現されたのである。自我は救はれたのである。太陽の光に面したのである、絶対他力に浴したのである。この信仰の窮極が即ち大理想と云ふものである、この窮極の理想は我々がこれを受けなければならぬものであるが、去りとて初めよりこれを受けやうと云ってもなかなか受けられるものでない、要するに最高の理想に対する我々の素養と云ふものは、我々の作り上げた理想は役に立たないものだと云ふことを覚る、斯う云ふ素養がなければ真実の宗教と云ふものは分るものでない。(同、pp.50-51)

[二―三] 宇宙人の正体

大理想を仰ぐことによって己が握りしめていた自我がまったく当てにならないものであることに自ずと気づかされていくのであり、大理想を前にして強固な閉じた自我が崩壊していくのである。高楠はその大理想は宇宙大の無限の広がりをもったものであるとして、自我崩壊のプロセスを次のように描く。

印度でも婆羅門哲学が頻りにこの自我の光りと云ふことを唱へた、然るに釈迦如来が現はれて自我とは何だ、自我とは何所に在るか、何が自我であるか、何所に自我の状態があるか、頭が自我か、眼が自我か、我々の永久に存在するものは一もない、そんなものを捉らへて自我だと思って居るのは迷ひである、我々は始終変って居る、永久不変の者でない、さう云ふ自我の光りは役に立たない、人間は無我でなければ可かぬと云ふことを哲学的に教へた、この無我の真理を押し広めて来ると自他平等と云ふことになって、我他彼此の偏見は一も無いやうになる、宇宙平等と云ふことはこの思想から出て来るのである、(同、p.51)

すなわち、自我の光りが役に立たぬことを如来の光りにより知らされて、無我の真理へ帰入していく。無我となれば、自己と他者の厚い隔壁が取り払われていくのであるから自他平等となる。自他平等を無限に押し広げて行けば当然の成り行きとして「宇宙平等」へと行き着くのである。高楠は、この「宇宙平等」の理想についてさらに次のように述べる。

宇宙平等の理想は「大覚位」の人格にのみ生れるのである、これを大きく云へば、この仏の大理想と云ふものが其儘我々の信仰となる、これを小さく云へば我々の人格が仏の大理想に依て形造られるのである、仏は無我の大人格を傾倒して我々に臨み玉ひ、我々も亦小人格を傾倒してこれを仰ぐのである、そこで自我の光りと云ふものは絶対無限の大理想の前に出ては何の役にも立たぬものであると云ふことを知るのは、我々に取って非常なる進歩である、宗教的に云へばこの上もない進歩である、我々が個人的自我の境界から超個人的の自我の境地に入ったのである、我々が個人大の人格から宇宙大の人格に進む路に入ったのである、宇宙平等の大理想を体得したのである。（同、pp.51-52）

高楠の言葉において、「大きく云へば」というのは「仏を主語にした場合」と言い換えることができる。仏という大人格を主語にした場合には、その無我の大人格が抱いている大理想を仏は心を尽くして我々小人格が仰いでいくべくものとして傾注するのである。また、「小さく云へば」とは、「小人格の我々を主語にした場合」と言い換えることができる。我々は仏の大理想によりて育てられるのであり、いよいよもって仏の大人格を仰敬するようになるのである。このような仏の感化、我々の受容変化によって、我々の小さき個人的自我が超個人の自我の境地に向かって進化していくというのである。

それでは、宇宙平等の大人格の内実はいかなるものであろうか。高楠は、宇宙平等の大人格である仏の人格の内実について智と情と意の三方面に開かれること、そして智とは智慧、情とは慈悲、そして意とは誓願として現われ出るものであることについて、次のように述べる。

[二―四] 智情意の完成＝無量の智慧（無量光）と無量の慈悲（無量寿）と本願成就

絶対人格の実相は我々には測れぬが矢張り存在する。これが即ち仏地である。仏の地位であって大覚位である。仏にも智情意の三方面がある。

仏の智は我々の智を無限に拡大したものである。無限の智慧である。智慧は仏教では光明と称する。無限の光明即ち無量光は仏の智慧を表するものである。

仏の情は我々の情を無限に拡大したものである。仏の情は同情であるから、これを無限の慈悲と云ふ。生きとし生けるものが悉く望むものは生命である。永遠の生命を与ふるは慈悲の極度である。永遠の生命即ち無量寿に仏の慈悲を表するのである。仏の光明も無量であり、寿命も無量である。光寿無量の実相は仏の理想である。生類は生まれながらに二大本能を有して居る。智識欲と生命欲とである。この両本能欲を満足せしむるが仏である。我々の理想を満足せしむるのが仏である。これが即ち智慧窮極慈悲円満の相で、悲智円満の仏と称するのである。この無限の智慧無限の慈悲を地盤とし土台として其上に仏の意志が顕はれる。

仏の意志は即ち本願である。単独的に突発的に誓願が顕れるのではない。悲智円満の地盤に相当した誓願が顕はれるのである。仏の誓願は一切衆生を一人も残らず救済する宇宙大の大人格の意志である。斯る意志を有ったのが大自覚位の人と云ふのである。「人類の完全位」と称するのは即ちこの頂点に達した人を指すのである。（同、p.91）

高楠は、大理想としての仏の人格を開けば、智と情と意の側面を持ち合わせているのであり、智とは完成された無限の智慧、それを無限の光明に充て、情とは無限の慈悲、それを無量の寿命に充て、智慧と慈悲をベースにした悲智円満の地盤の上に打ち立てられる、一切衆生を一人残らず救済するという宇宙大の大人格の意志が、誓願、本願として現われると説いている。

また、別の箇所では、高楠は心理学上の人格、倫理学上の人格、宗教的人格を区別して、まず心理学上の人格を上に述べてきた智情意という内面的心の活動における向上、完成とした上で、倫理学上の人格に関しては次のように述べている。

倫理学上で人格形成と云ふのは、道徳上我々が認めて余程進んだ人格、高尚なる人格であると云ふことを言って居るのである。ただ智情意が完成したばかりではなく、身口意の三業が完成して居る、言行一致、表裏相応して居ると云ふことが中心になって倫理学的の人格完成と云ふと言ひ得るのである。(同、p.55)

すなわち心理的な活動としての智情意が言動として現われていく過程すべてをふくめて身体的、言語的、心理的行動が完成していくことを倫理学上での人格の完成と説いているのである。さらに進んで、宗教的人格の完成について高楠は次のように述べる。

又次に宗教上の人格完成と云ふものがある、それは厳正なる意義から言へば我々が仏に成った時でなければ、宗教上で人格完成したとは言へないのである。我々が「大自覚の地位」に到達した時初めて言ひ得るのである。何時の事か分らないことであるが、現世で宗教上の人格が完成したと云ふのは、その人は結局その最高の人格、「大自覚位」に到達すべき径路に向った人であると云ふのが、現世での宗教上の人格完成である。（同、p.55）

これによれば、宗教的な人格の完成は最終的には仏と成ることによって達成されるのである。現世においてすぐに仏に成ることはできないとするならば、現世における人格の完成は大自覚位としての仏に向かっていく道筋が定まった人、言い換えれば深い信心を得た人と言うのであろう。

［二―五］三人格の相違点は責任範囲にある

それでは、仏の智情意を備えて身口意の実践が完成した人格と我々の限られた人格の本質的相違は何であろうか。高楠は、まず、人格を三段階に分類して次のように説明している。

我々の人格には無限数の階級があるのであるけれど、結局三段階に収められる。即ち普通人格、超越人格、絶対人格、この三段に収る。凡夫位と菩薩位と仏位との三段である。然らばこれは如何なる相違点があるか、ただ階段が違ふと云ふばかりでは分らぬ。この三人格の相違点はその責任範囲に在るのである。我々普通人格の責任範囲は個人だけである。（同、p.92）

つまり、人格には様々なレベルがあるけれども、大きくまとめれば三段階に区分されるとして、普通人格を我々凡夫の位、超越人格を菩薩の位、絶対人格を仏の位とした上で、それぞれの人格の差別が何によって生じるかについては、責任範囲の違いだとしている。まず、我々普通人格の責任範囲は個人にとどまるのだとした上で、超越人格や絶対人格の責任範囲については次のように述べている。

我々凡夫と仏との差は個人大の責任を持つのと宇宙大の責任を持つのとその範囲も大差があるが仏位（絶対人格）と菩薩位（超越人格）との差は如何なるものであるかと云ふと菩薩は自分の活動して居る社会のみに責任を持つ、自分の活動して居る社会を全体に満足せしむるまでに救済しやうと云ふ、これが菩薩である。自己の活動して居る社会を本位として活動する社会大の人格である。仏はさうでない、仏は宇宙大人類に対して全責任を持つ。同じ大人格の顕現であるが、一社会に対して現はれたのが菩薩位の大人格顕現である。宇宙人類に対して現はれたのが仏位の大人格の顕現である。（同、p.93）

三人格の責任範囲とは、とりもなおさず救済の範囲、対象に他ならない。我々凡夫は責任範囲が自分自身で閉じており、自分自身を救済の対象とすることに孜々営々としている。菩薩は責任範囲が自分の活動している社会にまで開かれ、その社会を全体的に満足させる救済を目指して活動をする。これに対して、仏は、宇宙大人類に対して全責任を持つのであり、宇宙に住まう生きとし生けるものすべてを漏れなく対象とする。

［二―六］仏教＝徹底的人格向上の教

このように仏を理想として仰ぎながら、凡夫から菩薩へ、菩薩から仏へと責任範囲、人格の内実を高めつつ、人格の向上完成へと歩んでいくことが仏道に他ならない。そのことを高楠は次のように説いている。

仏教は徹底的人格向上の教である、我々普通の人間をして仏たらしめる、「大自覚位」にまで到らしめると云ふことが即ち仏教である、そこでただ仏教のみが徹底的の人格向上教であると云ひ得るのである。仏は大自覚者である、仏教に云ふ自覚は覚他を伴ふものでなくては自覚とは云はない、唯自覚に終わるものは独覚と云って最も賤しめらるるものである。自覚覚他覚行倶満の人格が仏位である、一切の人を自己と同じ自覚に導くのが仏教である、即ち徹底的に人格を向上せしむると云ふのである。(同、p.54)

また、別の箇所でも次のように述べている。

普通人格より進めて絶対人格にまで到達せしめると云ふのが仏教である。そこで仏教は人格向上の教である。而も「人類の完全位」たる無上仏の地位にまで我々を進めると云ふのを目的とするのであるから、仏教は徹底的の人格向上教である。(同、p.95)

つまりは、「仏の自覚は宇宙大の大自覚である」、「仏の誓願は一切衆生を一人も残らず救済する宇宙大の大人格の意志である」ということになるのであり、宇宙大の大自覚を得ていく道が仏道であり、仏教的な人格形成の究極が仏という宇宙大の大人格ということになる。

【三】諸仏の誓願の根本誓願としての四弘誓願

〔三―一〕四弘誓願の基本的内容

前節において、高い理想、すなわち宇宙大の人格の完成としての仏位を大理想として仰ぐことにより、自身の人格を高めていくという高楠順次郎の仏教的人格形成について概観した。宇宙平等の理を体得するのが智慧の完成であり、宇宙平等の智慧が自ずと宇宙に住する生きとし生けるものへの共感へと広がっていくのが慈悲の完成であり、その両者を大理想として誓うのが誓願である。智慧と慈悲が無限に極まったところ、

「無限」と「極まる」という表現自体に矛盾が存するが、しかしやはり無限が極まったところとしか言いようのない世界の実現を誓い、そこに向かって歩み出していくのである。高楠の人格形成論における最終段階である仏の人格のベースは、開けば究極的な智（智慧）と情（慈悲）に裏付けられた意としての誓願にあるといえる。では、いかなる理想、いかなる誓願を大理想として仰ぐべきか、意の内実は如何というに、大乗仏教においては最も基本となるべき、いわば諸仏の共通に具有せる根本的な誓願、我々が最高なる仏の誓願を高き理想として仰ぎ見て人格完成の道を歩んでいくその出発点として、四弘誓願を大事にしている。学校法人武蔵野大学においてもこの四弘誓願を仏教精神に基づく人格向上の教育の基本に据えている。

四弘誓願（しぐぜいがん）
衆生無辺誓願度（衆生は無辺なれども、誓いて度せんことを願う）
煩悩無数誓願断（煩悩は無数なれども、誓いて断ぜんことを願う）
法門無尽誓願学（法門は無尽なれども、誓いて学ばんことを願う）
仏道無上誓願成（仏道は無上なれども、誓いて成ぜんことを願う）

そして、学校法人武蔵野大学では、この四弘誓願を次のように現代語に訳している。
生きとし生けるものが　幸せになるために
むさぼり・いかり・おろかさに　流されず
この世界　あるがままの真実に　学び
人格向上の道を　ともどもに　歩みたい
これら四つの願い、度・断・学・成、①生きとし生けるものの幸せを願うこと、②自己中心的なものの見方、考え方、感じ方に流されないこと、③この世界のあるがままの真実を学んでいくこと、④ともどもに人格を高め合い、世のため人のために歩んでいくこと、これら四つの願いが、四弘誓願に込められている。

まず、第一願「衆生無辺誓願度」はあらゆる衆生の救済、生きとし生けるものの幸せの実現である。武蔵野大学ではブランドステートメントとして「世界の幸せをカタチにする。」を掲げているが、これもまた四弘誓願の第一の願いを中心として武蔵野大学の目指すべき方向性、使命をわかりやすく示すために打ち立てられたものといえる。この願いの原点ともいえるブッダの言葉がある。

いかなる生物生類であっても、怯えているものでも強剛なものでも、悉く、長いものでも、大きなものでも、中くらいのものでも、短いものでも、微細なものでも、粗大なものでも、目に見えるものでも、見えないものでも、遠くに住むものでも、近くに住むものでも、すでに生まれたものでも、これから生まれようと欲するものでも、一切の生きとし生けるものは、幸せであれ。（中村元訳『ブッダのことば　スッタニパータ』、岩波文庫、p.37）

『ブッダのことば　スッタニパータ』では、この他にも「一切の生きとし生けるものよ、幸福であれ、安泰であれ、安楽であれ」（スッタニパータ、145）など、一切の生きとし生けるものの幸福を願うことばが随所に示されている。ブッダ・ダルマの原点はここにあると言ってもよい。しかし、第一の願自体には、「幸せ」とは何であるか、このことは明らかではない。むしろ、第二願、第三願の内容と実践を通じて、「幸せ」の内容が浮かび上がってくることになる。

第二願「煩悩無数誓願断」は自身の有するあらゆる煩悩、むさぼりやいかり、おろかさなど、自己の苦しみを生ぜしめる原因である煩悩をほしいままに増幅させていくことをつつしみ、最終的に自身が抱えるすべての煩悩を断ち切っていくという願いである。根源的な三種の煩悩として、むさぼり（貪欲）・いかり（瞋恚）・おろかさ（愚痴・無明）が挙げられる。貪欲は自己にとって好ましき対象に対する肯定的感情やその対象を自己の所有としたいという欲望の暴走である。逆に瞋恚とは自己にとって好ましからざる対象に対する否定的感情やその対象を抹殺したいという欲望の暴走である。そして、三番目の愚痴・無明は、自身は本来無我であるが故に不変的固定的自己存在はないのであるが、自己自身も含めて自己がコントロールしえないものを肯定的、あるいは否定的な欲望に基づいてコントロールしうるとみなしてしまう根源的な愚かさである。無我の理に気づけていない根源的な愚かさと言ってよい。また、このことは裏を返せば、自身が本来的に他者との縁起的関係性の中で開かれた存在であることに気づけていない愚かさであるともいえる。本来的に開かれてある自己存在にもかかわらず、自身の中に閉じていくのである。自己と世界の間の隔壁が厚みをましていくことにより自己が限りなく肥大化することもあれば、逆に限りなく矮小化されていくこともある。そのように閉じた自己中心的な世界を作り出していく根源的パワーがこの三毒の煩悩なのであり、この三毒を中心とした煩悩があらゆる心理的、言語的、身体的行為の暴走を生み出していく。暴走の結果としてますます思い通りにならない現実が明らかになり、その現実と現実を直視できない自己の心の中の隠ぺい工作の矛盾が苦しみとなって生起するのである。苦しみとは、あるいは自己と世界の変化をありのままにトレースできない倒錯した認識、関係性の誤認に基づいて成立してくるのである。そのような苦しみを生じさせる自己の煩悩生成のシステムを根源から断ち切っていくというのが第二願である。第一願における「度」、「幸せ」との関係でいえば、「幸せ」とは、「生きとし生けるもの」の「苦しみからの解放」をゴールとするきわめて実践的な「真理体得」の営みであり、直截的に定義すると「幸せ」とは「苦しみからの解放」である。そして、仏教における「苦」とは、生・老・病・死に代表される現実と、それを回避したいという私の心との間に生じるギャップであるともいえる。第一願では、第二願の苦しみからの解放を一切衆生においてまず実現しようという誓いであるともいえる。一切の衆生においても第二願と同じ苦しみの生成システムは存するのであり、そのことが救い、幸せを妨げているのであるから、一切の衆生における煩悩生成システムをそれぞれの衆生が自覚して断ち切っていくところまで責任をもつというのが第一の願に他ならない。

このように第二願は遡って第一願にも関係していくと同時に、第二願を達成していく上で不可欠な営みが第三願の内容となる。すなわち、煩悩生成のシステム、メカニズムを繰り返し学修し、明らかに覚る、これが第三の誓願である。第三願の法とは真実であるが、真実といえば美しき麗しきもののように思えるかもしれないが、反対である。自身にとって眼をそむけたくなるような真実であり、だからこそその学修がなかなかはかどらない、真に身につかないのである。そしてまた、そのような自身にとって不都合であり、それにしか思えない真実に対して目を背けることなく向き合うための有効な方法論もまた学修すべき内容であり、それによって理想の境地がクリアーに見えて来るための学修、修行が第三願である。そして、このような第一願から第三願の実践に取り組む中で、最終的に第四の誓願、仏道の完成、仏の位に至るという大いなる願いが成就されていくのである。

[三―二] 四弘誓願に向き合う中で生まれるいくつかの問い

さて、このような四弘誓願の特質は、いかなる点に見出すことができようか。筆者の有する問題意識は簡単にいえば、①なぜ他者優先の誓願であるのか、②誓願に内包される根源的な矛盾をどう突破するか、③真理を実践的倫理的に学ぶということはどういうことか、ということである。以下、それぞれの問題意識に基づいて考察してみたい。

①　なぜ他者優先の誓願であるのか

第一は、第一願から第四願に至る全体の構造においてそれぞれの願がどのように位置づけられるかを見ると、最初にくるべき誓願が「衆生無辺誓願度」からスタートしていることが何よりも重要であろう。菩薩、仏に向けた誓いの第一が、自身の行いや仏道完成よりも何よりも、まずは生きとし生ける衆生の救い、済度を成し遂げたいという誓いなのである。一般的には自利利他円満というが、あくまで利他が先であり、自身の実践、自身の目標達成の取り組みは第二、第三、第四願において掲げられる。まさに「自未度、先度他」、他の人が成仏しない限り自身は成仏しないという「大悲闡提」的な使命感こそが大乗的な理想に生きるものの姿であるといえる。倫理が自己と世界・他者との関係性をどのように構築していくかに関する行動的指針であるとすれば、その倫理的意識・行動の根底に自己ではなくてまず他者が据えられているのであり、他者に関する関心が自身に対する関心よりも優先している、あるいは自身の倫理観においても優先すべきことになっているといえよう。自身を優先する限り、永遠に自己と世界の対立構造は解消されない。四弘誓願は、ギブ&テイクの同時双方向的キャッチボールの一般的社会規範を超えて、他者優先の究極的倫理へと普通人格が歩み出していくことを可能にするのである。

②　誓願に内包される根源的な矛盾をどう突破するか

第二は、誓願自体に含まれる矛盾をどう突破するかという点である。まず、第一の誓願において、衆生に限りがないのであれば、その衆生を救うということにおいても限りはないはずである。限りがなく、永遠に続くべき実践を通して達成される一切衆生の済度というものは論理的にいえば達成不能なことであるはずなのに、それを達成することを誓う、一切衆生を漏れなく救い尽くすことを誓うのである。限られた時間の中では達成しえない、永遠になされるべき課題解決の実践において、あらゆる課題をことごとく解決しつくす最終的な、全体的な課題解決を目指すことは論理を超えている。論理を超えた所に投げ出された誓いであり、実践であること、それ自体が他者からの「禁止」や「命令」を伴う強制的な行動の促進もしくは抑制を超えて、実践者が主体的に永遠の誓いを発動させ、実践し続けるという極めて崇高な倫理的営みが成立しているといえる。そのことは、第二の誓願においても同様である。煩悩に限りがないということであれば、その限りない煩悩をことごとく断じつくすということは論理的には成立しえない。論理的に成立しえないことを誓うということは、実現不可能なことを誓うのであるから世の笑いものになってもおかしくない。論理を超えているがゆえに、世間的にみれば悲劇であり喜劇でもある。しかし、悲劇と見られようとも、喜劇と見られようとも、永遠の主体的実践的創作劇に挑んでいくという点において、劇が劇であることを超えた真実性を帯びて来る。極めてリアルな永遠の実践が浮かび上がってくる。中国の南北朝時代、南嶽慧思が『立誓願文』において末法の時代の到来をひしひしと感じ、その絶望感の真っただ中で絶望感を誓いに代え、56億7千万年生き延びて弥勒菩薩の降臨に見えるのだという誓いを立てたことは有名だが、ここには、およそ世間の常識で不可能なこと、実現不能なことであるにもかかわらず、そのことを誓うという行為がもつ並々ならぬリアリティー、論理を超えたリアリティーの世界が成立しているといっていい。およそブッダ・ダルマに生きるということは、そのようなことではあるまいか。矛盾であるが故に成立してくるリアリティーの発現であるといえる。

③　真理を実践的倫理的に学ぶということはどういうことなのか

第三には、とりわけ第三の誓願、すなわち「法門無量誓願学」に関連することであるが、ブッダ・ダルマの真実性は純粋に科学的な真理観と重なる部分ももちろんあるが、それだけにとどまらない倫理的で実践的な真理観であるといえる。ブッダ・ダルマの基本的真理観として掲げられる縁起とか空というような概念、あらゆる存在は無我であるがゆえにいかなる固定性、実体性ももたず、世界との関係性、他者との相互連関性を持ちながらたえず変化を続けて世界を成立せしめているという基本的真理観、これが二方面に動き出した時にブッダ・ダルマとしての真理観が成立するのではなかろうか。一つは、自己存在のあり方への適応、縁起、空という科学的な世界観としても通用しうるブッダ・ダルマの真理観は、単なる客観的な世界描写のための真理観ではなく、人間としての自己存在そのもののあり方を問い直す倫理性を含めた真理観であるということ、二つは、自己存在のあり方が問われる真理観であるということは、真理観の上からしても開かれた自己を想定せざるを得なくなり、他者との関係性、他者への行動のあり方を視野に含めた真理観として成立してくるものであるということである。一点目は、ブッダ・ダルマの真理観が、科学的真理観にとどまらず、主体的自己存在のありのままを説き明かす真理観であるということ、そのような智慧であるということ、二点目は、自己のありさまと行動様式を問う中で、他者との関係性のあるべき方向性を模索していく中で、慈悲と一体不可分に働く智慧、ブッダ・ダルマがそのような特質をそなえた真実である、ということである。ブッダ・ダルマの主体的実践的な真理観におけるこの二点の特質が、科学的な世界観とブッダ・ダルマの真理観が大いに異なる点であるといえる。また、智慧が自己と世界をつなげ、慈悲の働き、実践となって動き出していく、そのような倫理的側面を内包したブッダ・ダルマであるということにある。世界の中心者になりがちな自己という存在もいかなる固定性、実体性ももたず、たえず世界の関係性の中で変化しつつある関係性存在である、すなわち無我である、という真理観であるといえる。

【四】おわりに

本稿では、ブッダ・ダルマの倫理的貢献の可能性について、まずは高楠順次郎の人格形成論について概観した。高楠は、普通人格から超越人格へ、超越人格から絶対人格へ、このような三段階の人格向上論を展開する。各々の人格を形作るものとして、智と情と意という内面の心理的人格とともに、その心理的活動が言動としても現れ出した身と口と意の三つの倫理的行為も重要な要素となる。そしてそれぞれの人格の相違は責任範囲の相違であること、すなわち普通人格は自己自身への関心や責任にとどまるのに対して、超越人格は自己が関わる社会へと関係性の意識・責任感の範囲が広がること、そして最終的に絶対人格である仏においては関係する対象が無限なる一切衆生へと向けられ、その一切衆生を救済するという無限の責任を担うことが明らかにされる。同時に、どの人格段階においても、たえず絶対人格の理想を仰ぎながら、自己の内面に絶対人格の願いを落とし込みながら実践に踏み出していくことが高楠の人格向上論において大事な点であった。

続いて、四弘誓願の基本的内容を確認しつつ、四弘誓願が内包するブッダ・ダルマの倫理的本質について、①なぜ衆生の救済が自己の救済に優先されるのか、②誓願に内包される矛盾をどのように解釈するべきか、③誓願における実践的真理観の特質とはどのようなものかについて考察した。それぞれの点については繰り返さないが、総じていえばブッダ・ダルマの実践が禁止や命令に基づく強圧的実践ではなく誓いに基づく主体的倫理的実践としてのみ可能となるという点が重要であろう。禁止や命令においては、それに違反した場合、罰が科せられることが前提となるのであるが、四弘誓願を四禁止、あるいは四命令とした場合、その実践が円滑に成立しうるであろうか。すべての衆生の幸せを願わなければ罰せられる。自己の煩悩を起こしたら罰せられる。真理を見なければ罰せられる。仏道を完成して仏にならなければ罰せられる。このような罰規定が如何にばかばかしいものであるか、四弘誓願が自己の主体的倫理的誓いにおいてしか成り立ちえないことは明らかである。個人の倫理的成長、変容はその人の内的自覚によってこそ成立するのであり、外的な禁止や命令を通じては生まれない。それぞれの誓いを自身の内面において大切にして実践していくことにより、その人自身の人格の向上と倫理的実践が可能となる。禁止、命令、罰則など他からの強制的な行動抑制の装置と自律的倫理的な実践との違いは明らかであろう。それでは、他律的な装置を拒否し内的な閉じた自己において四弘誓願の実践は成立するものであろうか。これもまた異なるであろう。四弘誓願の実践は、絶対人格の高い理想を仰ぎながらの実践であり、それによってその人格的成長がはじめて可能となる。言い換えれば、絶対人格としてのブッダ・ダルマが慈悲の働きの故に大いなる二人称化した仏として現われて一人称の倫理的成長・変化を促すということができよう。その私の中での変化、高楠の言葉でいえば責任領域の拡大となって動き出し、私と他者との関係性において、これまで私にとって何の意味も存在性も持たなかった三人称的存在が俄然深い意味を持ち始め、これまた大いなる二人称化、大宇宙化していくのである。私が誓いを持ってかかわる範囲が、私自身から世界へ、さらに宇宙へと及んでいくのである。そしてそのような私の一切世界への二人称的かかわりは、自己と世界を隔てた自身の中で完結しようとしていた閉じた一人称、自我意識に凝り固まった私に変容を生じ、私自身を自他不二化、無人称化、無我自体へと転換せしめていくのである。誰から強制されるでもなく、自ずからの誓いが成立し、三人称の他者が二人称化し、閉じ続けていた一人称が大いなる二人称としてのブッダ・ダルマの働きにより世界に開かれた人格へと成長していく。ブッダ・ダルマの大いなる二人称化の働きを受けた自己の変容は、禁止から誓いへ倫理的な営みが転換していく上で、極めて重要な働きである。ブッダ・ダルマと人称性に関する考察について、十分に深めきれないまま本稿を閉じることになる。本来、無人称であるブッダ・ダルマが人称性を伴い、大いなる二人称と化してこの私に届けられ、自己の内部へ閉じようとする私自身を、世界との関係性において開かしめ、私自身が無限の二人称への関わりを誓い、行動を起こしていく、このような倫理的、宗教的人格形成の歩みが成立しうるプロセスについて改めて言語化できればと考えている。今後の課題としたい。

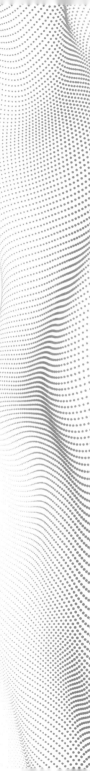

第6章

「死の意味」をめぐる一考察

――私たちはいつも死んでいる

一ノ瀬正樹
武蔵野大学ウェルビーイング学部教授・東京大学名誉教授

【一】「死にがい」と一人称の死

「生きる意味」(the meaning of life) あるいは「生きがい」は、しばしば話題となり、人々の関心を集める。しかし、「死の意味」(the meaning of death) あるいは (そういってよければ)「死にがい」は、それほど人の口には上らない。なぜなのだろうか。私が思うに、「生きがい」についての語りは、真の決着はつけられないにしても、現に事例を検証してあれこれ論じられるのに対して、「死にがい」はそもそも検証対象たりうる事例を原理的に挙げられないという点にあるのではないだろうか (*1)。

こうした述べ方に対しては、たぶん、すぐさま疑問が呈されるだろう。多くの人々の死にゆくさまを私たちは、例えば医療従事者はとりわけ、見届けている。そこにはさまざまな死の迎え方があり、そうした枚挙にいとまがない実例があるのだから、死にがいについて論じるための資料には事欠かないのではないか、と。なるほど。「終活」などという言葉も確かにある。しかし、こうした反応は私の疑問への応答として決定的な的外れであるといわねばならない。「死にがい」というときの「死」とは何を指しているのか。動物の死か、見知らぬ人の、新聞の死亡欄に載っているような死か。それとも、身近な人、同僚、親戚、友人、家族、の死か。確かに、そうした死の情景はしばしば遭遇する。動物の死に至っては、食肉のような形で、常時目にしているということさえできるかもしれない。しかるに、「死にがい」の「かい」(甲斐) とは、努力して価値ある結果を生み出す、ということであろう。「生きがい」の「かい」がまさしくそれである。教育に携わり健全な児童を育成することが生きがいの人は、まさしく頼もしい有為な卒業生を送り出すという結果に価値を見出し、喜びを感じるのである。では、死にがいはどうか。死によって価値ある結果を生み出す、というとき、その生み出された結果を受け止め、喜びを感じる者は誰なのか。「死にがい」を「死の意味」と多少格式張って言い直しても同様な問いかけができる。「死の意味」を感受し、その滋味を味わう者は果たして誰なのか。食肉にされた動物なのか、病院で看取られながら死んでいった方か、それとも突然に亡くなった友人なのか。

この辺りから、問題の真相に近づいてくる。文法的にいって、「死」については「人称」(person) の区別を適用することが、正確に理解する第一歩となるだろう。食肉や、新聞に事故報道などで記されるような、自分にとって見知らぬ他者の死は「三人称の死」と解するのが妥当である。それに対して、家族やペットや友人といった、固有名詞を用いたりして話しかける対象であるような存在者の死は「二人称の死」といってよいだろう。しかし、「死にがい」というときの「死」はどうだろうか。三人称の死であれ、二人称の死であれ、結局それらは他者の死である。他者の死に関して「死にがい」を語るというのは、どうにも不自然なように響く。むしろ、余計なお世話、傲慢な語り、であるかのようにさえ感じる。なぜなら、「生きがい」が生きている当事者が感得する価値や喜びであることに照らして考えるならば、「死にがい」あるいは「死の意味」もまた死んでいる当事者が感得する価値や喜びでなければならないように思えてくるからである。つまり、「死にがい」を感じるのは死んでいる当事者のはずであり、その限り、「死にがい」の「死」は「一人称の死」でなければならないのではないか。

けれども、「一人称の死」とは何か。自分自身の死。これはそもそも果たして実的な事態といえるのだろうか。それさえも判断が難しい。論理的にいって、誰も死を実際に経験したことのある者はいない。経験した者は、論理的含意として、死んでしまい、経験という領域の外側に去ってしまうからである。少なくとも、日常言語的にそういってよいと思われる。しばしば、死は眠りと似ているなどといわれる。夢も見ていないときの眠りである。私も、ずいぶん前に、全身麻酔をかけられて扁桃腺の切除手術をしたことがある。麻酔から覚めたとき（とんでもない喉の痛みを感じたが）、時間の感覚がずれてしまっているように感じた。手術中の時間が完全にすっ飛んでしまい、ないからである。死もこれと似たものなのだろうか。何もない、ということなのだろうか。だとしたら、死は経験できないといってよいのかもしれないと、ますます思われる。それならば、「死にがい」そして「死ぬ意味」が本質的に「一人称の死」に関わっている限り、それは中身がない、空虚な概念だということになるのだろうか。それどころか、「死にがい」が意味を成さないにもかかわらず、有意味な言葉のように、理解可能な物言いのように、聞こえるということ自体、極めて謎めいた現象であると言わねばならない。それゆえにこそ、「死にがい」が本来帰される「一人称の死」は、まさしく、哲学の主題にふさわしいのである。

【二】死にゆくこと

「死」が何を指すかということについては、哲学では、人称の区別による整理以外に、もう一つの整理基軸がしばしば言及される。それは、「死にゆく」(dying)、「死」(death)、「死んでいる」(being dead)という三つの位相の区別である。「死にゆく」は、文字通り、死に至るプロセスにあることである。末期の状態、事故などで出血多量で意識が薄れていく状態、そうしたありようのことである。「死にゆく」に関して注意すべきは、その帰結として到来する「死」と論理的に結合しているけれども、「死」とは異なり、まだ死んでいないという状態であるという点である。言い方を換えれば、結局最後に死ななければ、それは「死にゆく」とはいえず、単に意識がもうろうとしたという事態であったにすぎないことになってしまうのだが、しかしそもそも確かに「死にゆく」は時系列的にはまだ死には至っていないのである。

「死にゆく」ことは、したがって、意識が薄れたり、死を覚悟したりするそのときの、現在時点での恐怖や苦しみとは概念的に異なる。そうした恐怖や苦しみが「死にゆく」ことになるのかどうかは、結果として死んだときに初めて遡及的に確立するのである。そういう意味で、「死にゆく」というのはまことに奇妙な現象であるといわねばならない。「死にがい」が奇妙な現象であると前節で記したが、実は「死にゆく」という記述もまた、後になって過去を振り返って初めて成立するという奇妙な興味深い特質を有するあり方なのである（それはあたかも、比類なきことを成し遂げた希代の英雄が、その生誕時について言及されるとき、「まさしくこのときが「英雄の誕生」であった」などと表現されることに似ている）。

「死にゆく」について二点注記しておく。一つは、私自身が何度か研究会や講義の場で経験したことだが、「刑罰とは加害者に害を加え返すことだと理解するならば、死んだら害を意識できないのだから、死刑は刑罰として成立するのだろうか」という問いを提起すると、かなりの頻度で、「死刑台に連れて行かれるときに死刑囚が感じる恐怖が死刑の害なのだ」といった応答がなされるのである。これは、しかし、どう考えても的外れな答えであろう。死刑というのは、論理的にいって、死ぬことで執行される。死ななければ死刑が執行されたことにはならない。しかるに、死刑台に連行されているときには死刑はまだ執行されていない。歩いているだけで「死にゆく」にさえ達していない。死刑囚はシンプルに生きているのである。実際、死刑台に連行されるときの恐怖が死刑の害だとするなら、その恐怖だけ経験させれば実際には死なななくてもよいということになってしまうのではないか。それはイロジカルな考えであろう。

けれども、第二に注記したいのは、「死にゆく」が死に至るプロセスだと規定されるならば、そしてその規定に時間的制限が明示的に含まれていないとするならば、理論的に透徹した視点を採る限り、私たちは誕生したときから常にいつも「死にゆく」という状態にあることになる、という点である。これもまた、論理的な帰結である。実際、かつてデイヴィッド・ルイスは、死の原因は誕生である、という見方の可能性を示唆した（Lewis 2004, p.101）。それに、私たちを"mortal"（死すべき者）と捉える伝統的な見方からすれば、私たちの存在性そのものが「死にゆく」という状態の中にもとからある、という述べ方はむしろ常識的にさえ思われてくる。しかし、こうした述べ方は、一見すると前段で示した第一の注記点と齟齬を来《きた》しているように思われるかもしれない。少なくとも、「死にゆく」をめぐって、確かに、何か不確定的な何かがうごめき始めるように思われる。「ゆらぎ」と呼ぶべきありようが認められるのである。この点、以下展開していく議論の、一つのモティベーションをなしていく。

【三】死から死体へ

さて、次に「死」についての三つの位相の二番目と三番目、すなわち、「死」と「死んでいる」について触れてみよう。おそらく、少しでも「死」とは何か、について考えたことのある人は、いつ死んだのか、という時間的境界点が実は大変確定しがたいということを理解しているはずである。死の三徴候、すなわち、「心拍停止、呼吸停止、瞳孔散大・対光反射消失」はよく知られているが、この基準が厳密な生死の境界線になるのかは、掘り下げて理論的に考えると疑問が湧出することは避けられない。心拍停止といっても、一度停止してから蘇生することは理論的にも事実的にもありえる。ＡＥＤ（自動体外式除細動器）が学校などに配備されているという事実に照らして常識的に考えても、心拍停止といっても直ちに死亡と判定されるわけではないことがわかる。また、死亡と医師に診断されたとしても、日本では「お通夜」といって、荼毘に付すまでに時間をおくが、それは『墓地、埋葬等に関する法律』第3条に「埋葬又は火葬は、他の法令に別段の定があるものを除く外、死亡又は死産後二十四時間を経過した後でなければ、これを行ってはならない」とあるからである。そして、この法律の根底には、事件性の検証のためということもあるだろうが、蘇生可能性に対する慎重な備えという意味合いもある。極めてまれなことだが、欧州などで死亡宣告あるいは脳死宣告された後に蘇生した事例があるのである（＊2）。

さらには、理論的に突き詰めるならば、古代ギリシア以来知られている、境界線が曖昧な状態に関して発生するとされる「ソライティーズ・パラドックス」がここで考慮されなければならない。例えば、「呼吸停止後０・０１秒経った状態は死亡とはいえない」は受け入れられるだろう。というか、これは私たちの人生においてありふれた生存の一つの状態であろう。また、「もし呼吸停止後０・０１秒経った状態は死亡とはいえないならば、呼吸停止後０・０２秒経った状態も死亡とはいえない」という条件文の主張も受け入れられるだろう。なぜなら、０・０１秒の違いなど識別できないからである。この条件文の前件をNBND（0.01）、後件をNBND（0.02）とおくと、ここでの議論は次のように表せる。

NBND（0.01）
NBND（0.01）→ NB（0.02）

この二つの文は、前件肯定式（modus ponens）を用いることで、次の結論を導ける。

NBND（0.02）

しかるに、NBND（0.02）がこのように導けるならば、同じようにNBND（0.03）も導けるであろうし、順々にNBND（60）、NBND（3600）、NBND（86400）［８６４００秒は24時間］も、そして、それよりも長い期間の呼吸停止も死亡とはいえない（数十年が経って骸骨になった状態も死亡とはいえないなど）、が導かれてしまうだろう。しかし、これは事実的にいって受け入れがたい。こうしたパラドクシカルな推論は逆向きにも成り立つ（その推論をNBDと表記しておく）。すなわち、「呼吸停止後１０００００秒経った状態は死亡といえる」を確認した後、「もし呼吸停止後１０００００秒経った状態は死亡といえるならば、呼吸停止後９９９９・

９９秒経った状態も死亡といえる」が受け入れられることも確認すると、結局は順を追って前件肯定式を適用していくと「呼吸停止後０・０1秒経った状態は死亡といえる」が導かれてしまうのである。こうしたNBDの推論による帰結自体受け入れがたいし、加えて、先のNBNDの推論による帰結と完全に矛盾もしてしまう。つまり、例えば、先のNBNDの推論から「呼吸停止後３００秒経った状態は死亡とはいえない」が導かれるが、同時にNBDの推論から「呼吸停止後３００秒経った状態は死亡といえる」という逆の帰結が導かれてしまうのである。このように、呼吸停止という死の三徴候の一つに関しても、不可避的に理論的困難に曝され、明確な生死の境界線とは厳密にはいえないことが理解される。

しかし、客観的かつ誠実にいって、骸骨になっている人は死亡している、ということを受け入れないというのは常軌を逸していると思われる。また逆に、生き生きと競技スポーツに参加している人(アーチェリーなど、０・０1秒くらい呼吸を停止していることなどざらにあるだろう)がすでに死んでいる、とするのもばかげた物言いであろう。骸骨になっている状態は「死んでいる」(being dead) のだし、スポーツをしている状態は「生きている」(being alive) つまり「死んでいない」(not being dead) のである。そして、「生きている」という状態がやがては「死にゆく」(dying) という状態になる。すでに確認したように、「死にゆく」は「生きている」の一部を成していて、まだ死んでいない状態である。こうした背景のもとで、一般に、「死」(death) は、「死にゆく」と「死んでいる」の境界・境目の事態であると規定される。けれども、ここで確認したように、いつ「死んでいる」が始まるかは、理論的には不確定で曖昧なのである。すなわち、「死」は曖昧なのである(＊３)。

【四】エピクロス説

以上、事態そのものの記述的な側面での、「死」にまつわる困難性に触れた。次に、価値的な側面から「死」

について少しく考察してみよう。こうした文脈において必ずや言及されるべきは、古代ギリシアの哲学者エピクロスの考え方である。それは、簡潔にいって、「死は感覚がなくなることなので、益や害も感じられなくなり、無害無益である、よって死を恐怖するのは不合理である」、という議論である。エピクロス自身の言をまずは引用してみよう。

死は、もろもろの悪いもののうちで最も恐ろしいものとされているが、じつはわれわれにとって何ものでもないのである。なぜかといえば、われわれが存するかぎり、死は現に存せず、死が現に存するときには、もはやわれわれは存しないからである。そこで、死は、生きているものにも、すでに死んだものにも、かかわりがない。なぜなら、生きているもののところには、死は現に存しないのであり、他方、死んだものはもはや存しないからである (Diogenes Laertius 1925, p.650 & p.651, 邦訳『エピクロス』1959,「メノイケウスへの手紙」, pp.67-68)。

趣旨は明快だし、説得力も極めて大きい。死んだら感覚主体が消失するのだから、喜びもないけれど、苦しみや悲しみもない。死を恐怖するのは愚かなことである。生と死はまったく異なるもので、そこには断絶がある、なので痛みや苦しみといった生の位相における有害性は死には伴わない。先に触れた「一人称の死」に焦点を合わせた、古典的な議論である。

確かに、「死んだらいかなる感覚経験もなくなる」ということをどのように確証できるのか、という根源的な疑問は提起可能だが、この議論に全面的に反対し、生と死は連続している、よって死者も生者と同様に痛みを感じる、と答えるとしたら、それは、私たちの言語使用や社会体制の常態からして、明らかに無理筋であろう。なぜなら、私たちは生者と死者を同じには扱わず、死者に対して生者と同じに痛みを帰することはないからである。例えば、生者にある選挙権や年金受給権は死者にはない。親が死んだのに、それを隠して、親の年金を受け取り続けるのは犯罪である。また、生者を傷つけるのは傷害罪だが、死体を傷つけるのは死体損壊罪であり、傷害罪ではない。傷害罪は他者に害を及ぼし苦痛をもたらすが、死体を傷つける行為は、生者の尊厳性を少しとどめつつも、おおよそ物体を傷つけることに近づき、直接的な傷害を及ぼすものとは捉えられていないのである。それに、私たちは身近な人の突然の死に遭遇したとき、大きな悲しみを感じる。それは、生と死が不連続で、死者は生者の世界から離れて、もはや生者の世界ではこれまでのその人として会うことができないからである。すなわち、生者のような形で喜怒哀楽を感じる者ではなくなっていると解されているからである。死は、生からの大きな落差をもたらすのである。日常言語的に、私たちはそのように理解して死を扱っている。

非常に納得がいく考えであり、哲学史の中で長い時間を経ても生き残り続ける、強靱かつ屈指の議論である。けれども、この説得性が逆に奇妙な帰結を生み出すことも確認しなければならない。一つには、殺人の無害化である。通常、殺人は最も悪質な加害行為であり、厳罰に値する犯罪行為であると捉えられている。しかるに、加害とか犯罪とは何を意味するか。字義通り、他者に害を加えることであろう。他者が害を被るのである。しかしながら、「エピクロス説」に従えば、人が殺されて死んだなら、その人は害を被ることは定義的にありえない。つまり、殺人に際して、害は発生していない。いや、家族が殺されたりなどした場合、遺族は多種の害を被りうるので、正確には、殺人について、殺された人に直接的な害は発生していない。

では、なぜ私たちは殺人を最も凶悪かつ悪質な加害・犯罪と解しているのだろうか。どのような害が発生していると捉えているのだろうか。おそらく、殺されるに至る状況において感じる恐怖や痛みや苦しみ(刺殺、絞殺、撲殺、銃殺などを想起せよ)、それが殺人において発生する害なのだ、という答えが出てくるのではなかろうか。なるほど。けれども、すでに論じた「死にゆく」と「死」の違いを踏まえるならば、こうした害は

「死」の害ではなく、「死にゆく」ことの害にほかならない。そして「死にゆく」とき、人は「死」んではいない。つまり、殺人はまだ発生していない。殺人が成立するのは「死」が到来したときである。よって、「死にゆく」苦しみは殺人において発生する害、殺人が成立したときに殺された者に直接発生する害、ではない。つまり、殺人は加害行為ではない、と。説得性がある「エピクロス説」がこのような帰結を導く。これはつまり、背理法的にいって、「エピクロス説」が誤りであることを示すのだろうか。

同様な問題性は、「死刑」にも当てはまる。すでに触れたように、死刑は死刑囚が死ぬことで完遂される。しかるに、もし死刑が刑罰の一つであるとするなら、こう問わねばならない。刑罰とは何か。極めて簡潔にいって、刑罰とは他者に害を加えた者に社会が害を加え返すことだ、と答えられるだろう。もしそうなら、死刑は刑罰として成立しないのではないか。なぜなら、死刑が死刑囚の死によって達成されるならば、「エピクロス説」に従う限り、そのとき死刑囚は何も害を受けていないことになり、刑罰の定義に反することになるからである。しかし、こうした帰結が常識外れだとするならば、再び背理法的にいって、「エピクロス説」が誤りであることを示唆するのだろうか。

【五】剥奪説

もちろん、ここで「常識外れ」というときの「常識」とは何か、ということも問わねばならない。「エピクロス説」に従えば、殺人は加害行為ではなく、死刑は刑罰の定義に反する、つまり死刑は刑罰として理解することは不可能である、ということになるとしても、まだ議論や検討をすべきことが残っている。「常識外れ」と一刀両断してしまうのは拙速である。まして、一聴した段階では、「エピクロス説」はかなりの説得性を有していたのである。慎重さが求められる。

いくつか可能な道筋がある。一つは、殺人は加害行為である、刑罰の一つとして死刑がある、という常識そのものを絶対視せず、「エピクロス説」の帰結を肯定的かつ真摯に受け止める、という道筋である。犯罪や刑罰の概念を改訂することで、例えば、「一人称の死」を基軸とすることを止めて、他人称の死、社会全体の損益、あるいは法益、といった観点から殺人や死刑に対して（結果としては現在と同様な仕方で）対処するといった方向性や、「殺人や死刑」を「犯罪と刑罰」の範疇とは別枠で位置づけて対処するというやり方や、あるいはラディカルに殺人や死刑の非難可能性に対する本格的な問いを提起するという方向性さえ理論的には可能であろう（私の個人的な感覚ではこのラディカルな方向性は死刑に関しては理論的に十分ありえると思われるが、殺人に関してはどうしても受け入れにくい。固定観念だろうか？）。

もう一つのありえる道筋は、あくまで「常識」に踏みとどまり、「エピクロス説」のどこに間違いが潜んでいるのかを分析する、という立論を探るということであろう。こうした路線の代表は「剥奪説」（the deprivation theory）と呼ばれる議論であろう。すなわち、端的に述べるならば、「死は、もしその人がもっと長く生きていたならば享受しえた益を剥奪する事態であるがゆえに、有害である」とする議論である。ローゼンバーグによれば、「エピクロス説」は二つの前提に則っているとされる。すなわち、

（一）事態Sが人物Pにとって悪いことだと（有害であると）言えるのは、人物Pがその事態発生時にSを経験できるときだけである

（二）人物Pがある事態をその事態発生時に経験できるのは、その事態がPの死より前に発生し始めるときだけである

(See Rosenbaum 1993, pp.121-122.)

そうであるならば、この二つの前提の少なくともどちらかを斥《しりぞ》けられれば、「エピクロス説」を論駁できることになる。最も直接的なやり方は、いずれかの前提の反例を挙げることであろう。トマス・ネーゲルが挙げた、本人には悪と感じられないけれども本人にとって悪であることを示唆する例が有名である。すなわち、ある人物が、友人や知人から面前では礼儀正しく遇されているのだが、実は本人の知らない背後で侮辱されている、という例である。これを現在の文脈にさらに適合させるならば、その人物が、背後で侮辱されていても知らずにいて、その状況のまま亡くなってしまい、死後も侮辱され続けている、という設定にするとなおよい。この場合、この人物は、害を感覚してはいないけれども、本人にとって悪い状態、害を被っている状態、になっているのではないか。こうした見方がネーゲルの議論から浮かび上がる (Nagel 1979, p.4)。

こうした議論から導ける論点はいくつかあるが、「死は、もし死なかったならば得られたであろう益を奪うものであるがゆえに、有害である」という考え方を導出することもできるであろう。すなわち、上の例でいえば、死ななければ友人たちに抗議をしたり汚名を晴らしたりする機会が得られたはずなのに死によってそれが永遠に奪われてしまった、という考え方になる。すでに述べた「剥奪説」である。

「剥奪説」については、J・M・フィッシャーによる次のようなまとめ方が大変わかりやすいまとめとなっている。

> 死は、当事者から生の善き点を剥奪する限り、悪いことである。そして、こうした生の善き点はいろいろな仕方で特定化されうるだろう。こうした単なる剥奪は、不快なことや悪いこととして経験される必要はない。実際こうした剥奪は、死が経験上の空白であることと両立するのである (Fischer 1993b, p.18)。

こうした「剥奪説」は、若くして不慮の事故や災害などで亡くなった人の場合を考えれば、確かに説得力がある。俳優のジェームス・ディーンや、ジャズ・トランペット奏者クリフォード・ブラウンなど、交通事故による突然の死を迎えてしまった人がいる。また、尾崎豊など、若くして謎の死を迎えてしまった人もいる。彼らのような方々に対して、多くの人々は痛ましい思いを禁じえず、「もっと長生きすれば、もっとたくさんの業績を残し、本人も多くの喜びを享受できたはずなのに」という反事実的条件文を通じて、それを死によって奪われてしまった、なんと残酷なことか、と嘆息するのである。

「エピクロス説」が説得的であったのに劣らず、この「剥奪説」もまた大いに正鵠を射た議論であると感じられる。しかしながら、この二つの立場は互いに対立してしまうのである。この奇妙な事態をどう解明したらよいのだろうか。まずは、「剥奪説」そのものについて、少し問いを提起していこう。「剥奪説」に対して思いつく素朴な疑問として、私はすぐに三つほど思いつく。(i)100歳を超えた長寿な人が大往生したときも亡くなった方は益を剥奪されたのだろうか、(ii)苦痛にさいなまれて安楽死を望んで、実際に安楽死した人も、益を剥奪されたのだろうか、(iii)なぜ、もしもっと生きていたならば、多くの益を享受できたはずだとわかるのだろうか、かえって多くの害や苦痛を受けることになったかもしれないではないか。

たぶん、こうした問いを向けることによって、実は「剥奪説」は、生そのものが益なのだ、という価値観を前提していることが浮き彫りになるのではないかと思われる。そして、こうした点を暴くことによって、私が思うに、「剥奪説」の死に関する独特の立ち位置が露わとなる。すなわち、「エピクロス説」が「一人称の死」に焦点を当てていたのに対して、「剥奪説」は二人称・三人称の死、すなわち「他人称の死」に目線を移し替えているという、論点の変容をひそかにもたらす議論なのである。亡くなった方が意識できないとしても益を剥奪されている、と解するということは、すなわち、亡くなった方とは別の人がそのように推し量る、そのように感じる、ということにほかならないからである。私はこの点はかなり重い気づきをもたらすと理解している。順に論じていく。

【六】対称性議論

さて、「剥奪説」に対する批判としては、実は歴史的に著名な議論がある。「対称性議論」(the symmetry argument) である。これは、エピクロス主義の信奉者である、ギリシアの哲学者ルクレティウスによって最初に提示されたと一般にいわれている。ルクレティウスは「エピクロス説」を擁護しようとして、まず、死というのは大変に自然な現象であり、死の眠り以上に平安をもたらすものはないとして、次のように論じた。

私たちが生まれる前の、過ぎ去った永遠を振り返ってみよ。そして、それがいかに私たちとは無関係であるかを悟りたまえ。これは、自然が私たちのために見せてくれる鏡であって、私たちが死んだ後の時代がどのようであるかを示してくれる。ここに何か恐ろしいと思うようなものがあるだろうか。何か憂鬱にさせるようなものがあるだろうか。いかなる健やかなる眠りよりもさらに安らかなものがそこにあるとは言えないだろうか (Lucretius 1994, p. 91、邦訳『物の本質について』、pp.152-153)。

安楽死の概念と共鳴するような議論である。また、次のようにも述べる。

もし死後の将来においても悲惨で苦悶に満ちたときが待っているのだとするならば、そのように悲惨な状態になるには、その時間が到来したときに自分自身が存在していなければならない。けれども、私たちは死によってそのような運命から救い出されている、というのも、死は、そのような苦難を被るかもしれない自身の存在性を絶ってしまうからである。それゆえ、私たちは死後について恐れるべきものは何もないと、安心して確信してよい。存在していない者が不幸を被ることはありえず、その点は、まだ生まれていない者の場合と寸分も違いはない(Lucretius 1994, p. 88、邦訳『物の本質について』、pp.147-148)。すなわち、私たちが誕生する前の世界を私たちは経験できない、なぜなら、そのときには私たちはまだ存在しておらず、私たちには何の関わりもないからである。まったく同様に、私たちが死んだ後の世界も私たちには何の関わりもない、なぜなら、死んでしまったら、いかなることも経験できないからである。そういう議論である。こうしてルクレティウスは、死というものは恐れる必要のまったくない事象なのだと強調していたのである。いくぶん形式的にいえば、ルクレティウスは、「死後の非存在は有害であるならば、誕生前の非存在は有害である」が事実は「誕生前の非存在は有害ではない」、よっていわゆる「後件否定式」(modus tollens)によって、「死後の非存在は有害ではない」ことを導いたのである。すなわち、死後非存在(postmortem nonexistence)と誕生前非存在(prenatal nonexistence)とを対称的(symmetrical)なものだと捉え、それによって死についての「エピクロス説」を一層説得的なものに強化し、私たちは死の恐怖を抱く必要はまったくないと改めて論じてみせたのである。これこそが「対称性議論」にほかならない。

しかるに、この「対称性議論」を認めると、「剥奪説」は困難に直面する。ローゼンバーグはこの点についてこう記す。「もし死んでいること(そのときその人は非存在である)がその人にとって悪いことであるならば、その人が受胎する前に(そのときもその人は非存在である)生を与えられていないこともまた、その人にとって悪いことになるはずである。けれど、受胎前の非存在はその人にとって何ら悪いことではないのだから、死後の非存在も悪いことではない」(Rosenbaum 1993, p.128)。つまり、「剥奪説」に従えば、死後の非存在は有害だということになるが、だとしたら、それと対称的に、誕生前の非存在も悪いことにならねばならないが、そういうことはないので、死後の非存在が悪いことだという主張は成立しない、とする議論である。この議論を一層リアリティのあるものにするには、単なる「死」ではなく「早い死」(early death)、単なる「誕生」ではなく「遅い誕生」(late birth)、とすればよいし、実際多くの哲学者はそうした問題設定で論じている。そうした問題設定においては、「早い死」が有害ならば（これは「剥奪説」の説得性をもたらすであろう核心的主張である）、「遅い誕生」も有害なはずだが、それは事実に反するので、「早い死」は有害ではない、という立論になる。

ここにも「エピクロス説」と「剥奪説」のアプローチの違いが如実に現れていると見ることができる。すでに指摘したように、「エピクロス説」は「一人称の死」、つまり死者本人に焦点を当てている、さらには死者本人が死んでいるいまの時間そのものに焦点を当てているので、死は感覚不能であり、よって無益無害である、としている。それに対して、「剥奪説」は死者本人というよりむしろ、それ以外の他人称的視点から死者について語ろうとしている。この違いを考慮するならば、「対称性議論」に対して「剥奪説」の側からどのような応答がなされるかは、ある程度想像可能である。すなわち、「遅い誕生」が、まだ誕生していないその時点での当人（奇妙な表現？）以外の、他人称的視点から見たときに、有害であると捉えられる状況は現実にある、よって、先の「後件否定式」による推論の二つ目の前提は必ずしも受け入れられない、という応答が提出可能だと思われるのである。

そうした状況とはどのようなものだろうか。例えば、いますぐにでも年金を支給されたいのに、まさしく「遅い誕生」のゆえに、支給開始年齢にまだ到達せず、年金を受け取れない人は、やはり害を被っているといえるだろう。この場合の害は、「遅い誕生」の主語となっている当人が感じている害なのだけれども、まだ誕生していないその時点での当人とは別の視点から感じられている害であり、「剥奪説」ならではの立論になるだろう。また、国際競技大会に年齢制限があり、その年齢に達していないがゆえに、その競技での有力な優勝候補であるにもかかわらず、大会に出場できない選手なども、「遅い誕生」が害を及ぼしている、「剥奪説」的視点からの事例になるだろう。こうした場合、もっと長生きすれば多くの益を受けられたのに、とする「早い死」に関する「剥奪説」的な反事実的条件文と同様に「もっと早くに生まれていれば、多くの益を得られたであろうに」という反事実的条件文によって立論を構成できることになり、まさしく「対称性議論」のいうように対称性を認めつつ、「剥奪説」を維持できることになるのである。けれども、むろん、「エピクロス説」からすればこれはナンセンスな議論となる。あくまで「一人称の死」に焦点を当てる限り、「剥奪説」的な「遅い誕生」の害は、問題の基盤を取り違えた意味不明な議論でしかないのである。

むろん、実は、「対称性議論」に対しては、過去と未来は非対称的であるとする反論もあるし、私の挙げた「遅い誕生」の害についても、逆に、遅くに誕生したことで受ける益もありうるので（末っ子として生まれたことで親に溺愛されるとか、該当年齢に達せずに徴兵を免れたとかなど）、さほど説得性を持たないのではないか、といった議論展開もありうるが、ここでは深追いせず、別な方向で論を進めたい。

【七】死者のオントロジー

私が注目したいのは、元々の「エピクロス説」と、それを補強する目的で出された「対称性議論」との間に、実は看過できない不調和があるのではないか、という点なのである。そこを指摘することによって、新しい視野へと論を広げていきたいのである。どういうことか。すでに引用したエピクロスの発言では「死んだものはもはや存しない」と述べられていた。すなわち、「エピクロス説」においては、あくまで「一人称の死」に焦点を合わせた上で、死んだ者は端的に非存在になるので、喜びも苦しみもそもそも持ちうる存在がいない、と論じられていたのである。そして、ルクレティウスの「対称性議論」においても、死は「自身の存在性を絶ってしまう」とされて、「エピクロス説」の原型と同様に死者の非存在性が確言されているのだが、しかし同時に、微妙な言い回しが現れてもいる。すなわち、死後について「いかなる健やかなる眠りよりもさらに安らかなものがそこにある」と述べているのである。私には、この言い回しは、ルクレティウス本人の「エピクロス説」擁護という意図を逆に踏み越えてしまう語り方なのではないかと思えるのである。死後の世界が、「一人称の死」の視点から語られねばならないとするならば、私たちの日常言語使用に即する限り、正しくは、死後の世界は無である、としなければならないはずであると思われる。けれども、ルクレティウスは「安らかなものがそこにある」と語ってしまっている。つまり、何であれ、何かが「ある」、と語っているのである。実際、ここは原文では"omni somno securius exstat"となっており、確かに"exstat"という存在を意味する動詞が使われている (Lucretius 1948, p.109)。しかるにこれは、死後は何もなくなるとする、元々の「エピクロス説」を踏み越えてしまう言説ではなかろうか。

いや、冷静に考えよう。もともとの「エピクロス説」においても、「死んだものはもはや存しない」と語られていたが、ここでの「死んだもの」とは何か。何か指示対象を有する表現なのだろうか。どうにも難しい。エピクロスは「死んだものは存しない」と述べているのだから、むしろ「死んだもの」は指示対象を持たない、ということがここでの含意なのではないか。しかし、もしそうならば、なぜわざわざ「死んだもの」という記述をして、その上でその存在を否定する、という回りくどい述べ方をするのだろうか。端的に、「消えてなくなる」とだけ言えばよいのではなかろうか。

私としては、こうしたエピクロスの言説の根底には、そしてルクレティウスの記述の根底には、さしあたり少なくとも二つの事情が暗黙的に秘匿されているのではないかと、そのように論じたいと思う。すなわち、まず第一に、「死」という現象の理解は、「一人称の死」は原理的に経験不能なので、結局は他人称的視点から習得するしかなく、そして他人称的な視点からの「死」にはほぼ必ず「死体」という物体的対象が伴われているのであり、そういう意味で、「死」を語る際には、何のことはない、実のところ、「死体」という経験できる指示対象が、経験できないという一人称的視点から論じるという建前のもとで、倒錯した形でしかしあまりにも自明な形であっさりと組み込まれているということ、これを指摘したい。そして第二に、「エピクロス説」は、すでに指摘したように、実は「私たちは死後は無になる」という事態を真に根拠づけることはできなく、突き詰めるならば、ひとえに日常言語の用法に則って展開されていると思われるのだが、もしそうならば、死後の世界について私たちは歴史的に長い期間にわたって、実におおっぴらに日常的に語り続けてきた、という日常言語の事実にも目を向けなければならないはずであり、それはエピクロスやルクレティウスも当然のこととして密かに前提しており、それがゆえに「死んだもの」について言い表しているのではないか、という点を指摘したい。

まことに実際、死後の世界や死者について文法的に指示対象として扱って、語りを展開するというのは、古今東西の歴史や文化に深く染みついている。そもそも先祖の墓参をして祈るとき、私たちは何に対して祈っているのか。先祖に向かって何かを（たぶん内語で）つぶやいているのではなかろうか。少なくとも、文法的に、あるいは心理的に、先祖を何らかの意味での指示対象として表象している。日常言語的には、死者はオントロジカルなステイタスを有しているのである。

こうした事態は、葬儀の際にはかなり顕著に現れる。とりわけ代表的な現象は、故人の友人や同僚などが遺影に向かって弔辞を読み上げる場面である。「だれだれ君」などと遺影に語りかける。この言語行為は、文法的かつ心理的に明らかに故人を話者相手として措定している。「エピクロス説」に従ったとき、この言語行為はどのように解されるのだろうか。おそらく、無意味、（演劇に似た）意図的偽装、思い込み、などにすぎないということになるのではないか。「エピクロス説」では故人そのものは消滅していると捉えられるのだから、それに話しかけることも意味をなさないということになるはずである。確かに、弔辞は何らかの演劇に似ている側面はあるかもしれない。亡くなっているのに、あたかもそこにいるかのように想定して語る儀式であると捉えられるからである。けれども、演劇は意図的かつ作為的に現実でないことを想定するが、弔辞はどうなのだろうか。私の感覚では、弔辞はかなりな程度大真面目に故人に語りかけているように感じられる。

死者については、指示対象としての何らかのオントロジカルな位相を有しているかもしれないというだけでなく、死者に対して倫理的、あるいは法的な配慮さえなされることがある。詳細は拙著一ノ瀬（2019）を参照してほしいが、事例だけ挙げるならば、(i)1992年にローマ教会が300年以上前のガリレオに対するローマ教会の裁判の誤りを認め謝罪した、(ii)2008年にイギリス国教会が150年ほど前のチャールズ・ダーウィンに対する拒絶を撤回し謝罪した、また法的な文脈においても、(iii)1944年にアメリカ合衆国にて黒人少年ジョージ・スティニー君が少女殺しですぐに死刑にされたことに対して2014年に米国裁判所がその判決を無効とした。さらには、日本の例も挙げることができる。(iv)徳川家康6男の徳川（松平）忠輝はなぜか父や兄に疎まれ改易そして流罪となったが、1984年に徳川宗家によって赦免された、(v)江戸時代には死者も身分を持ち序列化されたり、生者の世界に影響を与えた（深谷 2014）、(vi)殺人被害者の内縁の妻が犯人として逮捕され実刑判決を受け服役し、出所後に死亡したが、その遺族が無実を訴え再審され、無罪判決が出た（徳島ラジオ商事件）。こうした現実社会での死者に対する扱いあるいは言語行為には、死者が倫理的・法的処遇の対象でありうることが論理的に含意されている、すなわち、「死者は実は全き意味において消滅しているわけではない」という、死者のオントロジカルな様相が想定されていることが明らかに読み取れる。

【八】パーソンの原義へ

しかし、ここで誤解を避けるために強調しておきたいが、以上のように死者のオントロジカルな受け取られ方を指摘することによって、私は生者と死者が垣根なく連続的に存在していると述べたいのではまったくないし、「エピクロス説」に対して全面的に「剥奪説」を支持したいわけでもまったくない。死は生からの離脱であって、死者と生者とは大きく異なる、とする「エピクロス説」のまことに健全な論調を私は受け入れる。このことは、再三言挙げした私たちの日常言語による言語行為からも直ちに確認できるし、社会制度においても明白に前提されている。すでに述べたように、選挙権、年金受給権、納税義務などの生者に関わる制度は、当然ながら、死者には適用されない。適用できない、のである。この生者と死者の決定的な懸隔を無視して、生者と死者の連続性を謳うことは不誠実の誹《そし》りを免れない。ただ、私は、生者とは決定的に異なった意味において、死者の存在性が私たちの日常言語や言語行為に、極めてかすかな形ながらも、巣くっていること、その点に対しても注目したいのである。

この微妙な生者と死者の関係性について、どのように理解し整理することができるだろうか。困難な課題だが、本論の最初の部分で言及した「人称」の問題に立ち返って、いささかの展開可能性を最後に示しておきたい。そして、そのことによって「死の意味」あるいは「死にがい」について論じるよすがとなることを期待したい。

さて、「人称」についていえば、「一人称」と「二・三人称」との間に重大な相違があるように思われる。言うまでもない、自他の区別である。二人称と三人称は明らかに他者に対する視座であり、そして、両者は容易に互いに変換しうる。「あなた」と二人称で呼んでいた人を、別の場面で彼や彼女と三人称で呼ぶことなどごく普通であり、逆もそうであろう。なので、両者合わせて「他人称」と呼べる。これに対し、一人称は独特である。話者そのものを意味する限り、原則として他人称に変換されない（独り言のような場合は、自分を「きみ」などと二人称で呼ぶことはあるが）。

さて、この「人称」は英語では“person”「パーソン」と表現される。では、「パーソン」とは何か、と問うてみよう。日本語では「人物」とか「人格」と訳される。この「パーソン」の起源については、ラテン語の"persona"「ペルソナ」に由来するというのが定説である。そして、「ペルソナ」とは「仮面、役割」などを意味する。しかるに、とある『ラテン語辞典』をひもとくと、"persona"の由来として"from persono, to sound through, with the second syllable lengthened"となっているのである（Lewis 1956, p.1355）。"persona"の由来とされる"persono"とは、「音を出す、響かせる、反響させる（resound）」を意味する動詞である（Ibid. p.1356）。ラテン語の"sonus"が「音、音質」を意味するので、"persono"はそうした意味になるわけである。つまり、もとを正せば、「パーソン」は音を出す主体なのである。「マスク」を表す「ペルソナ」は音に直接関わらないように思えるので、やや不思議に感じられるかもしれない。しかし、実は「マスク」は声の出し方に関わっていた形跡が確かにある。声楽で「マスケラ」唱法というのがある。「マスケラとは、マスクのことです。とは言いましても、普段口に装着するマスクのことではありません。欧米に仮面舞踏会という催しがありますが、その際に目元を隠して素性を表さないためにするマスクのことです……そのマスクを装着する目元及び額の辺りから、光線のように声が飛び出てくる現象が、所謂「マスケラに当たった声」ということになります。マスケラに当たった声は、声のポジション（声を発する位置）が高く、声の飛びが非常によいです」。（＊4）

あるいはこうもいわれる。「「顔に声を当てる」いわゆる鼻腔共鳴を使う歌唱は、古くから正しい声の出し方だといわれてきました。顔の全面に声を当てて謳う感覚が、まるで仮面＝マスケラをかぶっている感じに似ているので、このような表現が生まれたのでしょう」（荻野・後野 2004, p.58）。

ようするに、「パーソン」はもとからして（少なくともその語源の一つとして）「声」に関わっていることが理解できる。そして、そこに「反響させる」（resound）という含意が込められている限り、単なるモノローグではなく外部を前提した、しかも物理的な音の響きを意味していると解することができる。私は、こうした意味での「パーソン」をつとに、その原義に素直に従って、「声主」と訳すことを提案してきた。そして、驚くべきことにに、「パーソン」を「声主」と解することは、実はカントに代表されるところの西洋近代的な「自由な責任主体」とする「パーソン」概念にぴったりフィットするのである。まず、「自由」だが、これは権利概念の中核をなすものである。しかるに、権利というのは客観的かつ実在的に存するものではなく、私たち人間社会でのノモス的虚構であるが、それは「訴える」ことによって生成してくる。やや古い文献だが、村井実の発言を引いておこう。「権利はもともと人間に備わっているものではなく、人間の道徳的な訴えとして出てくるものである」(村井 1964, p.54)。今日的な「忘れられる権利」などを見ても、このことは了解される。「忘れられる権利」なるものは、インターネットが普及して、何年も前の(前科歴などの)プライバシーに関する情報が不特定多数の人々に知られ渡り続けてしまうのは困るので、忘れられたいと望む人がいるという、現代的な事情にこそ由来している。多く人が必要性を訴えることで「忘れられる権利」が生成してきた。そしてそうした権利は、余計な事情に制限されることなく、自由な生活を送りたいという自由権から派生すると捉えることもできる。しかるに、「訴える」ことはまさしく声を出すことにほかならない。この意味で、自由な主体としての「パーソン」はやはり「声主」なのである。

また、責任主体としての「パーソン」については、それが「声主」であることはダイレクトに理解できる。「責任」は“responsibility”であり、それは「応答すべき」を意味する。類義語としての“accountability”は「説明すべき」であり、またやはり類語の“liability”も元々「結ぶ」という意味から来た言葉で、当該案件と結びつけられているので問題が発生したときには「何か言うべき」という語感を伴っているといえる。つまり、責任はやはり「声を出すこと」と直接的につながっているのである。なので、「パーソン」が“per-sono”に由来し、原義に沿うならば「声主」と訳すべきであり、しかもそうした捉え方が近現代的な「パーソン」概念と調和するというのは、決して偶然なのではなく、むしろ論理的必然とさえいいたくなるような当然の道行きなのではなかろうか。

一点付加すれば、「パーソン」を「声主」と解することは、西洋語圏の中で“person”が時々人間以外の動物にも適用されるという事実にも調和する。犬や猫や馬やアザラシや、そして昆虫なども、すべて声や特有の音を出す。そしてそれらも、時として「パーソン」と解されるならば、「パーソン」は「人格」などと人間に限定した理解をするよりも、「声主」と解した方が一層普遍的な捉え方になることは明らかではないだろうか（＊5）。

【九】意識の深層

そして私は、この「声主」として「パーソン」を捉え返したときに導かれてくる含意について、すでに論じた議論から示唆されるように、そもそも「声」は、言語として意味情報を担い伝達や表現をする機能を果たしうる現象であると同時に、声という物理現象でもある、という点に焦点を当てたい。「パーソン」の故郷である“persono”に「反響する」という意義がある限り、「パーソン」はいわば論理的に外部世界、おそらくは別の「パーソン」を見越していると推定することができる。声をどこかにぶつけ、反響させる、ということだからである。これを「声主」同士が行っている、というのが「パーソン」の原風景なのではなかろうか。例えば、ゴスペルなどでよく見られる「コール・アンド・リスポンス」が、そうした事態の具現化された例になるだろう。

このように捉えていくと、「パーソン」がいわゆる「個人」(individual)の概念と著しく異なることが浮かび上がってくる。「個人」は、これ以上分けられない単位という意味で、他の「個人」と隔絶された存在であると表象されるが、「パーソン」についてはむしろ定義的に他の「パーソン」と連続的につながっているという描像が適切である。声や音は、本来的に、発せられた源から外へと広がっていくものだからである。音は、境界のない、全体にわたりゆく振動の広がりであって、単に濃淡あるいは高低の差があるにすぎない。音の時空的広がりのなかの、周りよりもやや濃い緩やかな物的塊、それが「パーソン」なのだと解してよいだろう。そうした物的塊は常にゆらぎ変容していき、他の物的塊とも混じり合う。あえて別の比喩によって表象を促すならば、「パーソン」は、温泉や熱湯から湧き出る泡、に例えることができようか。一つの泡としての大まかな準個体化はできるけれども、厳密な意味での個別的存在ではないし、そして周辺の泡といつでも混ざり合い、背景をなすお湯とも文字通りつながっている。「個人」の概念とは対極をなしていることがわかる。

私の理解では、西洋的な「個人」は「人は神の前で平等」といったキリスト教的な教義に則って近代前期に成立してきたフィクションであって、現実のリアリティに基づいているのではない。キルケゴール的な「単独者」(der Einzelne)の概念がその一つの帰結であろう。これに対して「パーソン」は、個別という概念に本来的には馴染まない括り方で、何か全体性のなかの動きのようなものである。しかも、声や音が基軸である限り、時間的にいっても、たとえかすかな仕方であったとしても、広範な範囲に行き渡り続けている。一度発せられた音や声は、人間にとって可聴的ではなくなったとしても、物理的な振動の因果的帰結として、たぶん永遠に残り続ける。そして「パーソン」は、そうした過去から未来へとつながり続ける声や音の一動態なのである。

では、果たして、このような「パーソン」理解に基づいたとき、「人称」の区別はどのように捉えられるべきだろうか。果たして、「一人称」とはどのような様態なのだろうか。「一人称」と「他人称」はどのように異なり、どのように関係するのだろうか。「パーソン」については、哲学史的にいうと、ジョン・ロックの意識説が非常に名高い。ロックは「パーソン」の同一性は「意識」(consciousness)によって成立するとした（Locke 1975, 2.27.9）。ここには解釈上の多様な問題が潜んでいるが、このロックの意識説に関して、「意識」が当人にのみアクセス可能な内観的な心理様態だと捉えられ、それが文法的な「私」や“I”と重ね合わされ、「一人称」という特権的なあり方が広く確立されてきたように思われる。けれども、ここで慎重さが必要である。

実は、ロックの活躍した時代、すなわち17世紀後半ぐらいまでは“consciousness”は、同じくラテン語の“conscientia”に起源を持つ“conscience”と必ずしも明確に区別されず用いられていた概念なのである。ヌーナンによれば、17世紀当時の“consciousness”には、“con”（共有）の原義を維持している強い用法とそれが現れなくなった弱い用法の二つがあり、「ロックの「パーソン」同一性の議論を理解するには、彼が“consciousness”を強い意味で用いていたこと、そして“conscience”を“consciousness”の同義語として用いていること、こうしたことを十分にわきまえることが重要である」（Noonan,1989, p.53）。ラテン語の“conscientia”は字義的に「共有知」を意味し、英語の“conscience”はそれを正統に受け継いだ形で「良心」を意味する。確かに「良心」は人々が共有的に受容している規範であり、共有知の一種であると捉えられる。しかるに、果たして“consciousness”「意識」が「良心」と同義的であったとは、どういうことなのだろうか。「意識」は本人のみが感知できる心の様態であり、他者と共有など定義的にできないのではないか。けれども、「意識」をめぐる日常言語の用法を考えると、実は「意識」は本人の内観を超えた形でも理解されていることに思い至る。一つは、「意識が戻る」という表現である。これは当人以外の人にも感知可能な「意識」概念の用法であろう。また、例えば「節電の意識を高めていこう」もまた、人々の間で共有される「意識」概念であり、実際その実現は外的に検証可能である（消費電力を少なくできたかどうか）。さらに、私たちは「罪の意識」という表現を使う。「彼は罪の意識を感じているようだ」といった表現を使うことがある。これは、まさしく「意識」と「良心」が重なり合う「意識」概念の用法にほかならない。

そして実は、先に名を挙げたロックは、「パーソン」同一性を論じるとき「意識」概念に焦点を当てたが、必ずしもそれは当人の「意識」のことではなく、乱暴をした酔漢がそのとき当人自身としては意識を欠如していたとしても「パーソン」同一性は保たれ、暴行の責任から免れることはできない、と述べ、意識に基づく「パーソン」とは「法廷用語」であり、法廷で（他者を交えて）確定される、と述べているのである（2.27.22, 2.27.26）。ロックの言う「意識」は多くの人々が共有する道徳知としての「良心」に実は限りなく接近していたことが窺われる。つまり、実のところ「意識」の概念は、依然として「良心」と同様に「共有知」という由緒正しい出自を保ち続けているのであるばかりか、時として「良心」と接近するような形で使用されることさえ実際にあるのである。

さらに、実は「良心」はしばしば私たち自身の内面から語られる「良心の（内なる）声」（(inner) voice of conscience）として表象され、道徳的な原理として理解される。実際、例えば1965年のローマ教会でのヨハネス・パウロ6世の言説にも「私たち一人ひとりの良心の中にこだましている主の声」（John Paul II 1995: par. 24）といった表現がある。あるいは、良心は友として私たちに語りかける声であり、それは自分自身と外部世界との間を媒介する観察者として参加している、といった趣旨の理解もなされる（Strohm 2011）。かくして、「パーソン」は「意識」、ひいては「良心」に元々根差す様態であり、そしてそれは「声」として現出するものである、という理解の道筋が浮かび上がる（＊6）。

【十】私たちはいつも死んでいる

話を人称の区別に戻そう。これまでの議論に従えば、実は一人称と他人称の区別は決して厳格なものではなく、互いに混じり合う声の、そのときどきの時空的な振動の物的塊としての、緩やかな区別にすぎず、消えては生まれる熱湯からボコボコと噴き出す泡相互の区別のようなものである。こうした描像はヒュームが、"person"を「様々な知覚の束あるいは集合」(a bundle or collections of different perceptions) と規定した有名な一説 (Hume 2000, p.165) と、期せずしてほぼ合致している。知覚内容は相互に画然と区別されるものではなく (食事のときの味覚と触覚と嗅覚など区別は曖昧)、そうした曖昧な境界線のものが相互に混じり合い合体するとき「パーソン」が成立するとするなら、ヒュームの描像は、私の物的塊や泡に例える描像ととても近似している。そして、そうした物的塊や泡は、他の物的塊や泡と混じり合うだけでなく、そうした物的塊や泡の背景となっている時間空間や熱湯とも結び合っていて、しかも加えて、そうした背景をなす時間空間や熱湯はすでに消えたかつての物的塊や泡の痕跡を携えており、そして将来また発生するであろう物的塊や泡の芽もまた胚胎している。

このような表象を動機づけるのは、やはり「パーソン」を立ち上がらせるのが「声」という現象だという事情である。なかでも私は、「声」が時間空間を軸とする物理的世界において空気の振動として発生する物体的現象であることを銘記したいがために、時間空間での物的塊とか熱湯の泡といった比喩的記述をしてきたのである。そして、前段で述べたように、そうした物体的現象としての声は、一旦発生したならば、やがて人間にとっては可聴的ではなくなるとしても、ほぼ永遠にその痕跡を残し続ける。だとするならば、現在の声現象というのは、遠い過去の声現象との混合であることになる。

言い方を換えれば、私たちの「パーソン」性は、古い音を、例えばジュラ紀や白亜紀の中生代の、すでに死滅した恐竜の叫びなどの音現象をほとんど無限小のようなかすかな程度に交わり携えた、混合体であることになるだろう。むろんそこでの他なるもの・他なる音それぞれの交わり具合は、現に生きている私たちの全体に比して極小であり、結びつきの親密性の度合いには大きな落差がある。それゆえに私は「かすかな」と表現している。しかしいずれにせよ、私たちは、すでに死者となった生物の痕跡やよすがをいまだいま引き受け受容している。その点に引きつけるならば、私たちは実はいますでに死者と連続的かつ蓄積的に合体している、と表象する可能性も生まれる。この点、奇妙な描像のように聞こえるだろうが、遺伝的ありようといった卑近な側面を思い浮かべるだけでも、決して全否定できるような非合理な記述ではないと思う。

また逆に、現在の音現象の物的塊の中には、未来の音現象の組成となる、あるいは未来の音現象へと連続的に結びついてゆく、物体的素因がやはりかすかな形で包含されている。そういう意味で、私たちの「パーソン」は、過去とも未来とも、細い糸のようなもので結ばれているのだといえる。

しかしやはり、このような述べ方は非理論的で、単なる物語のようなものにすぎないといわれてしまうかもしれない。けれども、実はまさしく物理的に根拠づけることができるのである。非常にシンプルに、である。すなわち、私たちは身体を伴って生きているが、私たちの身体を構成する原子分子は、遠い過去において別の生物などの身体の構成要素になっていたと想定できるし、逆に、私たちの身体の構成要素である原子分子は遠い未来の生物などの身体を形成する原子分子になるであろうと考えられる。言ってみるならば、私たちの身体には恐竜の身体を構成していた原子分子が混ざり込んでいるし、何世代も後の私たちの子孫やその他の生物の身体になっていく原子分子も含まれている。むろん、そうしたそれぞれの存在者の混合の程度は極小のかすかなものであろう。しかし、そういう形で他なるものと結び合っているのである。先に述べたように、人称の区別が画然としたものではないことは、こういう描像からも確認できる。付言すれば、「声」もまた原子分子のレベルでの動きに還元できるので、ここでの根拠づけは「声主」としての「パーソン」の理解と連続していると考えてよい。

そして、このことは、私たちは誕生前もかすかな形で（誕生後の原子分子の集合という形で）存在しているし、死後も誕生前と似た意味においてかすかな形で存在し続けると考えられる。その限り、私の提起する描像はルクレティウスの「対称性議論」と親和する。さらに誕生前の存在について付言すれば、イギリスのイディオムに“when I was a twinkle in my father's eye”というものがあり、それは「自分が誕生するよりもずっと前の昔に」という意味なのだが、そのことは同時に、自分が誕生するずっと前にも父親の目のきらめきの中に自分はかすかに存在していたということを示唆していると捉えられる。私の描像とその軌を一にする見方であることは明白である。

以上のような考え方は、「被害可能性」（harmability）という概念を基準にして、下の図のように図示化できるだろう（一ノ瀬 2019, p.385 からの引用）。発想の核を成している考えは、原子分子の結びつきは因果的に連続している、という理解の仕方にある。なので、「因果連続モデル」（causal continuity model, CCモデル）と呼んでいる。モデルとなるのは、標準的な生涯を送る平均的な人である。この図から、生者と死者の落差が読み取られ、それは「エピクロス説」に対応する。そして同時に、早い死が害を及ぼしうることが、早い死と平均的な死との間の領域を積分することによって推定できるという点で、「剥奪説」と呼応している。

この「CCモデル」が表現しているのは、生者にとっての被害可能性は極めて高く、誕生前や死後は、日常言語的な意

「CC モデル」

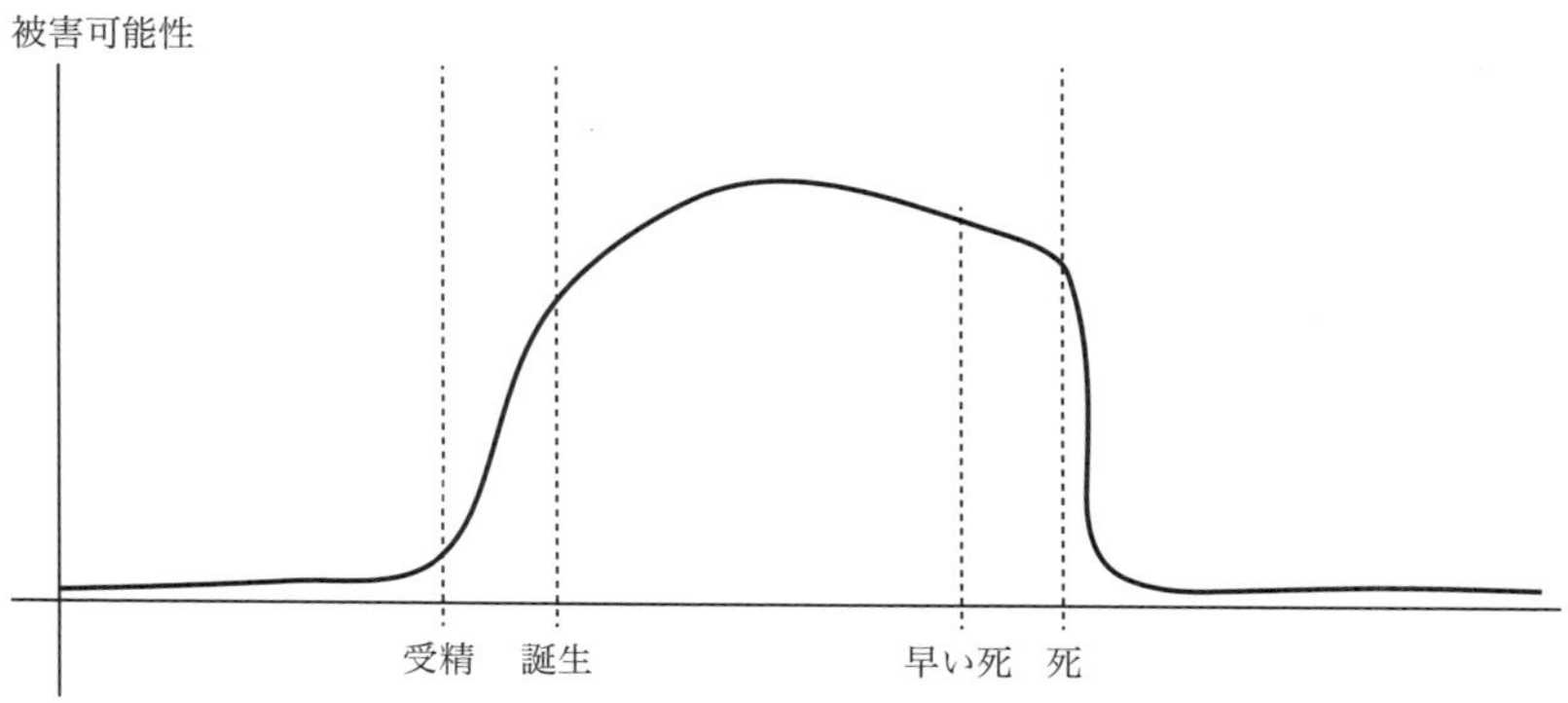

味でまだ生存していないのだから、被害可能性はほとんどない、けれども、全然ないとは言い切れない、ということである。そのことは、自分の母親が、私となる受精卵を持つに至る前に不摂生な生活を送っていたならば、私という存在に何がしかの被害が発生するというような形で捉えられるだろうし、死後に遺体を損傷されたり、不名誉な評判を立てられたりすれば、私の部分を継承する何がしかの存在（わかりやすい例は子孫）に（メンタルな害もストレスとして物体的・身体的な害に還元できるということも含めた）害が及び、それは非常にかすかながらも私自身の（物体的に残されたものへの）害であると表象することが可能であろう。この点が、「剥奪説」と私の描像が親和する部分である。むろん、しかし、繰り返しになるが、そうした誕生前と死後の被害可能性はあくまでも「かすかな」ものである。生者の被害可能性との落差は決定的に大きい。この点は「エピクロス説」と私の描像が近似する部分である。

このように物体性に被害可能性のような倫理的・法的な体系の基盤を据えるという発想は、一見すると奇妙に思われるかもしれない。しかし、私自身はコロナ感染症問題に即して、私たちは被害者（victim）であると同時に病毒媒介生物（vector）であるという二重性を持つ存在者であり、それは身体性が倫理的考察の本質的一部を成しているという気づきを得た。私は、そのような方向から「物体性を伴う倫理」(corporeality-involving ethics) という議論を展開した（一ノ瀬 2021 参照）。この「物体性を伴う倫理」が、ここでの「死の意味」についての議論の一つの動機づけともなっている。詳細は、拙論を参照されたい。

最後に述べよう。以上のような「ＣＣモデル」を、時間軸を何万年というようにぐんと広げて均してみよう。どうなるか。「ＣＣモデル」に従うと、私たちは、広い意味で、誕生前や死後も「自分」として（かすかに分散的に）永続していると捉えられるのだが、その永続性の中では生者として存在する期間は極めて短い。時間軸を広げてみるならば、私たちの生者としての時間の山はほとんど真っ平らになってしまうだろう。すなわち、私たちが生者である期間は極々微小な期間であり、ほとんどが死者としての時間を過ごしていることになる。生者として過ごす時間は、微分法的な考え方に寄せれば、ほぼゼロになるということである。そして、いま確認したように、「CCモデル」では、死者といってもかすかな存在性を因果的に連続させ続けているのであり、純然たる非存在ではない。ということは、どういうことか。「私たちはほぼ常に死んでいる」、そういうありようの中で（かすかに永続的に存在する）「自分」として、ほんの一刹那のあいだ生者として暮らしている、ということである。この点は、私自身が死刑論の文脈で展開した考え方、すなわち「私たちは生きているときにすでに死を所有している」という「死の所有」の考え方、その議論とも（私は意図していなかったのだが）通底していくだろう。かくして、私の「死の意味」そして「死にがい」に関する暫定的な結論は、こうなる。「死者としての現在の私」という捉え方を心底から受け取り、その境位に安らうこと、これである（＊7）。

◉注

＊1　本論考のおもな基本的主張は、すでに一ノ瀬（2019）『死の所有』にて展開してある。本論考執筆前は、既発表の議論の概要を改めてまとめるだけの、いわゆる解説論文（overview article）にしようと企図していたのだが、執筆しているうちに、いろいろと新たな論点が見えてきて、それを付け加えた。特に、「私たちはいつも死んでいる」とする捉え方は私にとって新しい眺望である。結果として、既発表の論文の解説論文というよりも、既発表の議論を新たに展開した論文になったと思われる。そして、そのようになったことの背景には、本書に収められているスティーブン・バチェラー氏との対話がある。仏教学者であるイギリス人との宗教や倫理についての対話は、私の研究の進展にとってこの上なく意義のあることであった。企画していただいた西本照真先生や松本紹圭先生には、そして何よりスティーブン・バチェラー先生には、心より感謝の意を表したい。

＊2　死亡宣告後の蘇生については、実際上かなりの事例がある。ここでは、一つだけ BBC News からの次のような事

例を挙げておこう。https://www.bbc.com/japanese/65947216

＊3　曖昧性や「ソライティーズ・パラドックス」については、一ノ瀬（2011）の第4章を参照されたい。

＊4　http://bvt.txt-nifty.com/qablog/2017/12/post-1b99.html（「ブレスヴォイストレーニング研究所」のサイトからの引用）

＊5　動物を「パーソン」として扱うことは、歴史的に見ても珍しいことではないし、さまざまな童話や物語でも現れる捉え方だが、近年の動物倫理の文脈では、例えばフランシオンが *Animals as Persons* というダイレクトな表題のもと、動物の「パーソン」性について言挙げしている。See Francione 2008.

＊6　このような「声」を介した「良心」についての理解は、本書所収の、スティーブン・バチェラー氏と私の対談でのバチェラー氏の倫理に関する次の発言と呼応しているように思われる。「観音菩薩は世界中の人々の叫びや呼びかけに耳を傾ける者である、という考えを思い起こさせます。観音の慈悲とは、苦悩する世界の呼びかけを聞くことができるように、自分の耳を通して心を開く能力のことです。逆に言えば、あなたが他の人に出会う時、その相手があなたからの呼びかけを聞くことも意味します」。生や死、私たちの関係性、倫理、といったテーマを論じるとき、ほぼ普遍的にといえそうなほど「声」が問題にされることは、偶然の一致とは思えない。さらに掘り下げていくべき主題であると思う。

＊7　もとから意図したことではないが、こうした「死の意味」についての私の言説は、仏教の浄土思想や、親鸞に淵源するとされる「平生業成」の思想と調和していくかもしれないということに、執筆後思い至った。もしそうした仏教思想の根底に、死後の世界と現生とが根底においてかすかに連続しているとする見方が読み取れるとするならば、それは私の「CCモデル」と極めて近似した世界観になるのではないかと思われたからである。言い方を換えれば、私の議論のような着想は、すでにはるか昔に先人の叡智や洞察において展開されていたということである。学ぶべき考え方がまだまだ多いことに改めて気づかされる。

◉参考文献

Diogenes Laertius. 1925. *Lives of Eminent Philosophers.* Vol.II. with an English translation by R. D. Hicks. The

Loeb Classical Library. William Heinemann Ltd. 邦訳『エピクロス―教説と手紙―』、出隆・岩崎允胤訳、岩波文庫、１９５９年

Epicurus. *Letter to Menoecesus*. http://classics.mit.edu/Epicurus/menoec.html

Francione, G. L. 2008. *Animals as Persons*. Columbia University Press.

深谷克己 2014.『死者のはたらきと江戸時代―遺訓・家訓・辞世―』、吉川弘文館

萩野仁志・後野仁彦 2004.『医師と声楽家が解き明かす発声のメカニズム』、音楽之友社

一ノ瀬正樹 2011.『確率と曖昧性の哲学』、岩波書店

一ノ瀬正樹 2019.『死の所有 ―死刑・殺人・動物使用に向きあう哲学』増補新装版、東京大学出版会

一ノ瀬正樹 2021.「自然災害と感染症に立ち向かう倫理―大震災とコロナ感染症の中で「しあわせ」は成り立つか―」、『病災害の中のしあわせ』西本照真・一ノ瀬正樹編、武蔵野大学出版会、第5章、pp.97-140.

Lewis, C. T. 1956. *A Latin Dictionary: Lewis and Short*. Oxford at the Clarendon Press.

Lewis, D. 2004. 'Causation as Influence'. In *Causation and Counterfactuals*, eds. J. Collins, N. Hall, and L. A. Paul, The MIT Press, pp.75-106.

Locke, J. 1975. An Essay concerning Human Understanding. Oxford at the Clarendon Press. 引用は巻数・章数・節数を記す。邦訳『人間知性論』（一）～（四）、大槻春彦訳、1972-1977.

Lucretius Carus, T. 1948. DE RERVM NATVRA. ed. O. Gigon, In aedibus Orell Füssli Turici.

Lucretius. 1951. *On the Nature of the Universe*. translated by R. E. Latham. Penguin Books. 邦訳『物の本質について』、樋口勝彦訳、岩波文庫、1961年

村井実 1964.『人間の権利』、講談社現代新書

Nagel. T. 1979. *Mortal Questions*. Cambridge University Press. 邦訳『コウモリであるとはどのようなことか』、永井均訳、勁草書房、1989年

Noonan, H. 1989. *Personal Identity*. Routledge.

Paul VI, 1965, *Gaudium et Spes*, Vatican City, Vatican English translation available at http://www.vatican.va/archive/hist_councils/ii_vatican_council/documents/vat-ii_const_19651207_gaudium-et-spes_en.html.

Rosenbaum, S. E. 1993. (originally published in 1986.) 'How to Be Dead and Not Care: A Defense of Epicurus'. In Fischer ed. (1993a) . 119-134.

Strohm, P. 2011. *Conscienec: A Very Short Introduction*. Oxford University Press.

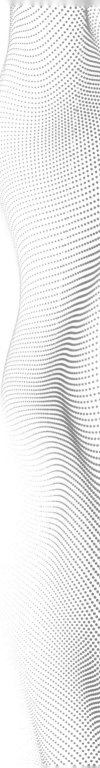

第7章

悲嘆の意味
——喪失と共に生きる

中島聡美
武蔵野大学人間科学部教授

【一】はじめに　―死別と悲嘆―

私たちは人生を生きるなかで、大切な人との別れを経験しないで済むことはほとんどないだろう。なぜならば、人間は家族とのつながりを維持しながら一生を過ごす社会的な生物であり、どうしても自分より年齢が上の、祖父母や両親を見送ることになるからだ。年長者を見送ることは私たちの人生で想定されていることではある。近年、日本では、高齢化に伴い死者数が増加しており、令和5年度では、157万5936人である（※1）となっている。実は、2003年に年間死亡数が100万人を超えてからは、多少の増減はあるものの、死者数は増加の一途をたどっている。一人の死者に対して、家族等数人の遺族が存在することを考えると、年間に300万人以上の遺族が発生していることになる。死者の7割以上は75歳以上の高齢者であり、死因の多くは老衰を含む病死であることからも、病気や老衰で亡くなる高齢の親や祖父母を見送ることは多くの人が経験することといえよう。

人の死に対する人々の反応は様々である。しかし、自分にとって大切な人の死が激しい苦痛をもたらすことは当然のこととして理解されている。大切な人を喪《うしな》った心の痛みは、悲嘆（英語ではgrief）と呼ばれている。研究において最もよく用いられる悲嘆の定義は、シュトレーベら（※2）の以下の定義であろう。〝悲嘆とは、死によって愛する人を亡くしたことに対する主に情緒的（感情的）な反応に用いられる言葉である。悲嘆は、喪失に対する正常で自然な反応である。…悲嘆は主に否定的な感情反応であると理解されているが、多様な心理的（認知的、社会―行動的）、および身体的（生理的―身体的）な表出も含んでいる。〟（※2・P5邦訳は著者による）。ここでは、悲嘆は喪失に対する正常な反応であるとされている。しかし、これはあくまでも、悲嘆が時間の経過とともに和らぎ、遺族が日常生活を再開できるようになるからであって、悲嘆の苦痛が通常の人間の感情範囲を超えるほどのものであることについては言及していない。エンジェル（※3）は、「Is grief a disease?（悲嘆は病気か）」という論文の中で、悲嘆を火傷に例えて、火傷は、確かに熱にさらされたことによって生じる正常な反応であり、自然に治癒はするものの、発赤や水泡、痛みなどの火傷の状態そのものは病的であることから、悲嘆の反応そのものも場合によっては病的なものとして考えるべきではないかと述べている。また、エンジェルは、悲嘆は治療せずに回復するものであるから医療的な注意は必要ないという見解に対して、身体疾患も自然治癒するものが多くあるが（例えば風邪は典型である）、だからといって医療がいらないという人はいないのだから、悲嘆に対しても医療を含むケアが不必要ということは適切ではないとした。実際、死別の影響は遺族の心身の健康に深刻な影響を与えることがわかっている。例えば、遺族はそうでない人よりも寿命が短いことや、がんをはじめ、様々な身体疾患のリスクが高いことが報告されている（※4）。また、遺族では、うつ病などの精神疾患の有病率や自殺行動が高い割合で見られ、生活機能への影響も深刻である（※4）。近年では、遺族の一部は遷延性悲嘆症（prolonged grief disorder）（※5・6）と呼ばれる精神疾患を発症することも明らかになっている。

シュトレーベら（※2）が述べたように悲嘆は感情だけでなく認知や行動、社会活動など様々な形で表れるが、最も顕著であり、また共通してみられるのはその悲しみと苦痛であろう。著者は、精神科医として悲嘆の研究や臨床場面で多くの遺族に接してきたが、大切な人を喪った影響は著しく、〝胸に穴が開いたようでそれが埋まらない〟、〝自分の一部がどこか引きちぎられてなくなった感じがする〟、〝世界の色や食べ物の味が失われた〟、〝気が狂いそうな悲しみの発作がある〟など様々な言葉で、その苦痛を遺族は表現していた。

このような死別の苦痛は、古代の神話にも示されている。ギリシャ神話では、オルフェウス（ギリシャ語ではオルペウス）が、愛する妻エウリュディケーが毒蛇に咬まれて亡くなった後、恋い慕うあまりに黄泉の国に行き取り戻そうとする話がある（※7）。これと同様の逸話が、日本の古事記におけるイザナギノミコト、イザナミノミコトの話である。亡くなった女神のイザナミノミコトをイザナギノミコトが黄泉の国から連れ戻そうとする（※8）。どちらの神話も、結局は連れ戻せないという悲しい結末を迎えるのであるが、神話の目的が悲嘆を語るためではないとしても、文化の異なる地域で、かつ数千年前から死者をよみがえらせたいほど、配偶者の喪失の悲しみが深刻であることは共通していたのであろうと思われる。旧約聖書（※9）でもヨブ記において、家族を一瞬にして失ったヨブが激しい悲しみに引きこもってしまう姿が描かれている。武蔵野大学は仏教学者である高楠順次郎氏によって創設されているが、大学の理念のもとになっている仏教においても、キサーゴータミーの逸話に息子を亡くした母の激しい悲しみが書かれており、悲嘆の苦痛は〝愛別離苦〟と呼ばれている（※10）。

ナルニア国物語で有名なルイスは「悲しみをみつめて（原題　A grief observed）」（※11）の冒頭で、配偶者であるヘレン・ジョイ・デイヴィドマンの死の激しい悲しみについて以下のように記している。〝だれひとり、悲しみがこんなにも怖れに似たものだとは語ってくれなかった。私は怖れているわけではない。だが、その感じは怖《おそ》れに似ている。（※11、p5）〟。解説によれば、ヘレンは、結婚の時点で、がんに罹患しており、既に不治の状態であった。ルイスは彼女の死を予期していたにもかかわらず、激しい悲嘆に陥ったことが書かれている。

悲嘆の苦痛を表現した文章で最も心をうつのは、悲嘆研究の第一人者であるボウルビィの以下の一節であろう。〝愛する人を失うということは人間に襲いかかる最も悲惨な経験の一つである。それは単に苦痛に満ちた経験であるのみならず、それを救済することに関して、われわれはあまりにも無力であるために、それを目撃することも苦痛なことである。失われた人間が取り戻されないかぎり、残された者を真に慰め得るものは何一つ存在しない。その空白を埋めないかぎり、どのような対策も単に感情を傷つけるだけに終わるかもしれない。〟（※12、p4）。ボウルビィは、大切な人の死は何者にも代えることができない、絶対的な喪失であるが故に、いかなる救済も存在しえないと述べている。もちろん、ボウルビィは人が悲嘆から回復できないということを述べているわけではないが、死が絶対的喪失である以上、悲しみは永続的であることを説明している。

このように人類において、大切な人の死が悲嘆という悲しみを中心とする著しい心の苦痛を生み出すことは、時代、地域を超えて普遍的なことであると考えられる。前述したように、ほとんどの人が死別を経験するのだとするとなぜ、人は悲嘆を感じ、そしてこれほどにも苦痛なのであろうか？

【二】悲嘆はなぜこれほどにも苦痛なのか

悲嘆がなぜこれほど苦痛なのかを考えることは、悲嘆とは何かを考えることにつながる。精神医学において悲嘆を最初にとりあげたのは、精神分析学の祖であるフロイトとされている。フロイトの悲嘆（フロイトは悲哀〈Trauer〉という言葉を用いている）についての論文では「喪とメランコリー」（※13）が有名であるが、その中で、フロイトは、リビード（注i）が向けられていた対象が亡くなると、リビードをその対象から回収するようにと現実的な命令（現実吟味）が出されるが、自我はそれに抵抗し、その絆を維持しようとするものの最終的に、リビードは喪失対象から引き離され（脱備給）、自我が自由になる過程（喪の作業）が行われるとしている。この過程の間、〝失われた対象の存在は心的に維持される。リビードがその中で対象と結ばれていた想起や期待のすべてについて、その一つひとつに的が絞られ、過剰備給がなされ、リビードの引き離しが執行される（※13 p275）〟ため、私たちの心はその人を思い、悲しむという悲哀が生じるのであろう。リビードは性的欲動と訳される言葉であるが、これは異性愛的な意味における表面的な性的欲動ではなく、私たちの生きようとする欲動そのものである。愛する対象とはその意味において、私たちの生命の欲求の根源であるといえる。フロイトは、この喪の過程がどうしてそれほどまでに困難かは、リビードの経済論的な理論では説明しえないと述べている。フロイトの理論では確かにそうであろう。リビード理論では、完全にその対象に向けられていたリビードが切り離され、別の対象に向けられるのであれば、私たちは故人を思い出してもそれほど苦痛を感じないことになる。しかし、現実はそうではない、ボウルビィが述べているように喪失の痛みは永続的なものなのである。フロイトは、喪の作業が終了することは、故人との絆を完全に断念することであるとしていたが、これは現代の悲嘆理論では支持されていない。

悲嘆についてのもう一つの重要な理論は「愛着理論」である。悲嘆は、誰を喪っても生じるわけではないし、血縁的な関係性で決まるものでもない。同じ血縁関係であっても、祖母と一緒に暮らしていた孫は、離れて暮らしていた孫よりも悲嘆が強いことがあるだろう。逆に、一緒に暮らしていた家族よりも友人や親せきを失ったときの悲嘆が強い人もいる。フロイトの理論では、この違いは、リビードが向けられていた度合いが異なるということで説明されるかもしれない。しかし、それでは生活での密着性と悲嘆の強さが一致していないことを説明はできない。フロイトの理論では共に生活し、リビードが絶えず向けられていたはずの親の死よりも祖父母の死を悲しむことの説明ができないのである。この関係性について新たな視点を示したのがボウルビィである。ボウルビィは人間の関係において愛着（attachment, ここではカタカナでアタッチメントと記述する）という概念を提唱したことで知られている（※12）。日本語で一般的に用いられている〝愛着〟ということばは、〝なれ親しんだものに深く心が引かれること（デジタル大辞泉：https://www.weblio.jp/content/%E6%84%9B%E7%9D%80）の意味で使われていることが多いように思われる。したがって、例えば愛着のある車とか、物に対しても使われる言葉である。また人に対して愛着があるといった場合でも、愛情など情緒的な絆を示している場合も多い。ボウルビィが提唱したアタッチメントは、もっと生物学的なものを示している。遠藤（※14）はアタッチメントを〝危機的な状況に際して、あるいは潜在的な危機に備えて、特定の対象との近接を求め、またこれを維持しようとする個体（人間やその他の動物）の傾性〟であり、個体が、不安や恐れなどの不快な情動を感じたときに、その対象にくっついていることによってそれを軽減する生物行動的安全制御システムであると述べている。アタッチメント対象の役割はおもに三つある。一つは、前述した行動的安全制御システムの直接的な役割であり、不安や恐れを感じた際にその対象にくっつくことで、安全や安心感を得られるようになることである。具体的には子供が夜不安になったときに、親の布団に潜り込むことで親が起きなくても安心して眠れるようになることが良い例であろう。通常は、生まれたときから自分を中心的にケアしてくれる存在(primary caregiver)が最初のアタッチメント対象となる。多くの場合は、母乳を与え、そばに寄り添う母親がその対象になるであろう。成長するにつれて、そのほかの家族とも愛着関係を結ぶが、親に次いで、時にはそれに代わる存在として重要な愛着対象となるのは、パートナーである。しかし、最初の愛着対象者との関係は生涯にわたって持続するとされている。私たちは、成長しても生命を脅かすような状況―トラウマ(心的外傷)体験―に直面し極度の不安や恐怖に襲われたときには、愛着対象を呼び求める。トラウマ研究におけるレジェンドであるハーマンはその著書(※15)の中で〝恐怖状況において人々はおのずと慰撫と庇護の最初の源泉であったものを呼び求める。傷ついた兵士もレイプされた女性も母を求め、神を求めて泣き叫ぶ(※15・p76)〟と述べている。日本でも戦争で亡くなる兵士たちが「お母さん」と叫んだ。日本だけでなく、欧米においても戦争や犯罪という究極の恐怖体験で死を目前としたときに、最も原初的で大切な愛着対象はやはり〝母〟であったのだろう。

また、アタッチメント対象の存在は、心理的な安全だけでなく、身体的な安定の維持にもつながる。ストレス状況にさらされると、コルチゾールの分泌や交感神経系の興奮が生じるが、これらのストレスで生じるホルモンの過剰な分泌の持続は、脳の神経細胞の障害や免疫の低下、血圧の上昇など様々な健康への障害になりうる。ロケら(※16)は、実験的なストレス状況にさらした子供で、母親と安定したアタッチメントスタイルを持つ子供では、母親との再会後コルチゾールレベルが正常に戻ったことを報告している。このような研究は多くあり、アタッチメント対象の存在は、生理的なホメオスタシスを維持し、身体的健康にも大きく関わっている。また、アタッチメント対象が、安全基地となっていることで、子供の外界に対する探索行動や学習が促進される（※17）。このようにアタッチメント対象の存在は人間の安全の源泉であるとともに社会生活の基盤となっていることから、アタッチメント対象の喪失がどれほどの脅威として受け止められるかは推測されよう。ボウルビィは、乳幼児の母子関係の研究の中で、母親を喪失した乳幼児が、共通する反応を示すことに気づいた。子供は、最初その状況に対して抗議し、嘆き叫んで、母親を探し求めるが、戻ってこないことに絶望を示し、なおかついつまでも母親を思い焦がれる（固執的な思慕）。思うようにならない状況に対して怒りや敵意を示すが、最後にはあきらめ反応を示さなくなる（脱愛着）。これは母親という愛着対象の喪失による反応である（※18）が、この一連の反応は配偶者を喪失した遺族の示す悲嘆と共通しているものである。成人の遺族では、死別の直後には、茫然として死を受け入れらず、〝信じられない〟、〝夢をみていた〟のように感じる「無感覚の段階」があり、その後数時間から数日たつと、徐々に喪失を事実と受け止め始めることで、強烈な思慕や悲しみ、怒りや自責感が生じる「思慕と探求の段階」がある。この時期は、数カ月から数年かかり、この間遺族は、死を認める気持ちと、故人を探し取り戻そうとする相反した二つの気持ちの中で揺れ動くが、徐々にその人の死を認めるようになる。しかし、死を認めることはその人の不在を感じることであるため、抑うつや苦痛が強くなる段階（「混乱と絶望の段階」）が生じる。しかし、この段階は、ただ単に苦痛にとどまるのではなく、それまでの自分のアイデンティティを見直すこととなり、徐々に新しい役割や生活の技術の獲得に目を向けるようになる。1年ほど経過すると「悲嘆の再建の段階」になり、故人を心の中に感じつつも自らの生活を再開できるようになる（※12）。ただ、乳幼児の母子分離と異なり、成人の悲嘆では、故人を断念するという形で終結しないと考えられている。フロイト（※13）は、喪の作業は故人に向けられていたリビードが完全に脱備給されることであると述べたが、このことは、遺族の精神内界において故人を断念し、いわばその絆を切り離すことを意味している。しかし、ボウルビィ（※12）は、悲嘆の最終過程は再組織化であり、その段階は、愛着対象の死を受け入れ、日常生活に復帰し、新しい愛着の絆を形成することであり、故人に対しては、何らかの象徴的愛着を維持し、失われた関係を新しい現実の中に統合することであるとした。現代の悲嘆の研究ではボウルビィの述べた故人との絆の維持を支持するものが多く、このような絆は、継続的な絆（continuing bond）と呼ばれている（※19）。この継続的な絆は、悲嘆の途中の過程にあるような、死を受け入れられずにいる故人への固執ではなく、生前とは別の形で故人との象徴的な絆を維持することであり、死別への適応について健康的な役割を担っていると考えられる（※19―21）。実際に臨床の場面でも、遺族が「亡くなった〇〇は、私の心の中にいて、つらいときに、その人の存在を思い出すと勇気づけられる気がします」と述べることがあり、まさに故人との絆がその人の社会適応に役立っていることを示している。

遺族のいう〝こころの中の存在〟とはどのような形で私たちの心的世界に存在しているのだろうか？　愛着対象の心の中の位置づけは、アタッチメント理論における内的作業モデル（Internal working model）と関連している（※18）。内的作業モデルは、私たちが自分の周りの世界や人との関わり方を理解し、かつ自分がどのような位置づけであり、どうふるまうべきなのかなど、世界と人、自己を理解するための心の枠組みであるといえる（※22）。この内的作業モデルは、主要な愛着対象との相互作用を通して作られる。愛着対象から愛されることによって、自分もまた愛され、価値のある存在であると認識し、また、愛着対象との関係性が他の人との関係性に一般化されるようになる。幼少期に作られる最初の愛着対象との関係性を元に作られる内的作業モデルは、成長に伴い様々な体験により発展していくものであるが、その後の人生で出会う愛着対象―そのほかの家族やパートナーとの関係もまた、その中で重要な役割を果たすことになるであろうと思われる。つまり、悲嘆を引き起こす対象―愛着対象―は私たちの自己や他者、世界の形作る心の世界の一部であり、それを失うことはまさにその人にとって世界が崩壊する体験として感じられるであろう。そもそも愛着対象は私たちの内的作業モデルの中に表象として位置づけられている存在であり、亡くなった（外的に失われた）としても表象自体はなくならないのである。外的に失われたことで、心的表象もまたその位置づけを変えなくてはならないが、心の中の表象としては存在し続けうるのではないかと考えられる。実は、故人としての継続的な絆がどのような私たちの心の中の位置づけとなっているのかについて確固たる理論づけはなされていないが、愛着対象が私たちの心の基盤であるところの内的作業モデルの形成に重要な役割を果たしていたことを考えると、〝心の中に生き続ける存在〟であり続けることは十分に考えられることなのである。

このように悲嘆に対する愛着理論は、様々の点で、実際の遺族の悲嘆のあらわれや、経過に良く適合していることから、現代の悲嘆研究では〝悲嘆とはなにか〟という点において中核的な理論になっている。特に愛着理論は、人間だけでなく、動物の親子にも愛着行動が見られ、その対象の喪失に対して泣き叫びや探索行動が生じることから、人間に特有の精神的力動に基づくフロイトの理論よりも現実的なものと見なされるだろう。

それでは、悲嘆が生じるのは、愛着対象を喪失したからであると単純に結論づけることができるのかといえばそれはNOである。愛着理論では説明しきれない様々の反応や状況が現実の悲嘆には存在しているからである。例えば、親や配偶者の喪失と同じように、子供を失った親は激しい悲嘆を示すが、親にとっての子供は愛着対象ではなく、養育対象である。子供は親を保護する立場ではないし、親は自分自らやあるいはパートナーの存在によって安全や安心感を得ることができるし、既に十分な社会機能を有している。しかし、人間は養育対象者に対して愛着対象者と同じような深い心理的絆を有し、その存在の喪失に激しく抵抗することがわかっている。発達心理学では、養育行動は愛着システムをベースに形成されるため、養育関係は、愛着関係と同様の深い結びつきであるとされている。むしろ、愛着対象以上に養育対象の喪失は激しい悲嘆反応を示すように思われる。遺族の悲嘆反応で、顕著な感情の一つは、罪悪感や自責感である。ほとんどの遺族は、なぜその人を守れなかったのか、助けられなかったのかについて繰り返し考え自分を責める。これは人の責任ではない病死であっても、もっと早く病気に気づくべきであったとか、もっとよい医者を探すべきだったなどおよそ遺族の責任ではないことで自分を責め立てる。また、死を防ぐことだけでなく、もっと優しくしてあげればよかった、もっと良くしてあげればよかったという形でも責める。このような罪悪感は、もともと相手を保護する立場であった養育的立場にあるほうがより強くなるかもしれない。愛着関係にある場合でも、成長するにつれて愛着対象との関係は、より相互的なものとなることから、親やパートナーの死に対しても強い自責感が生じるのである。

悲嘆と愛

海外の論文では悲嘆の原因となる故人を〝loved one ―（直訳すれば）愛する人―〟とよく表現する（significant others とも表現されるが、ちょっとこれはそっけない感じである）。日本人にとっても、失われた人を〝愛着対象（あるいは養育対象）〟というよりも〝愛する人〟と表現することのほうが自然でしっくりくるであろう。それでは愛着と愛は同じことを意味しているのだろうか。厳密にいえば異なっている。愛着や養育はいままで説明してきたように、多分に生得的なものであり、私たちの動物としての本能としてセットされているわけである。一方、愛は、人間関係において愛着よりももっと後天的に獲得され、抽象的な概念のように思われる。もちろん狭義では、愛（愛情）は、異性間における感情であるが、広義では家族や友人、時にそれほど深い関係のない人にも向けられる感情であり、愛着のように対象が自分の安全基地や安心の源泉であるかどうかを必ずしも必要としない。しかし、愛する人の存在は、私たちが生きていく上で、幸福感や希望などの肯定的感情をもたらすだけでなく、困難な状況を乗り越えるレジリエンスとしての役割を果たしている。愛する人の存在もまた、心象として私たちの心の中に深く刻まれている。フランクルは、「夜と霧」（※23）の中で、収容所の過酷な生活の中で、妻を思い、心の中で妻と対話するときに慰められ、幸福感すら感じることができたと述べている。〝収容所に入れられ、何かをして自己実現する道を断たれるという、思いつく限りで最も悲惨な状況、できるのはただこの耐えがたい苦痛に耐えることしかない状況にあっても、人は内に秘めた愛する人へのまなざしや、愛する人の面影を精神力で呼び出すことにより、満たされることができるのだ〟。（※23 p730）。更に、フランクルは、妻が生きているかどうかはわからないとしても、その心の中にある存在（本文では〝本質〈ゾーザイン〉〟）が重要であり、妻を愛し、心の中で対話できることが自分を支えていると述べている。この心の中の対話は、遺族が故人と亡くなった後も心の中に存在を感じ、表象として位置づけていることと似ている。フランクルにとって妻は確かに愛着対象ではあるが、彼は心の中で妻に助けを求めたのではなく、妻が微笑みかけ、語りかけるその〝面影〟が心の慰め、幸福感さえ感じることができたと述べている。このことは、心的な表象としての愛する人はその人との関係性によって培われてきた肯定的な感情を伴う過去の記憶であり、それまでのその人の人生の経験と深く結びついている。人間にとって記憶は、過去のものではなく、現在、未来へとつながる自己の存在そのものである（※24）。愛する人との体験は特に肯定的な感情をもたらす記憶と深く関連している。そのため、フランクルのように、愛する人のことを思い出すときに私たちは、その体験そのものを詳細に思い出せなくとも、そこから生じる喜びや幸福感などの肯定的な感情を体験することができる。このことは、悲嘆と関わるのが脳の報酬系であるという研究（※25）とも関係するかもしれない。オコナーらは、病的な悲嘆である遷延性悲嘆症（論文発表当時は複雑性悲嘆の用語が用いられている）を抱える遺族とそうではない遺族の脳の活動を機能的磁気共鳴画像（functional magnetic resonance imaging, fMRI）を用いて調べ、遷延性悲嘆症を抱える遺族では故人の写真と悲嘆関連語の組み合わせを提示された場合に、側坐核などがより活性化していることを明らかにした。側坐核は、脳内報酬系（喜びなどの快感情をもたらし、それを起こす刺激を求める行動に関連する）の重要な中枢であることから、オコナーらに遷延性悲嘆症の患者では、故人の死を受け入れられず、白昼夢のようにその思い出に浸っている状況があるのではないかと述べている。この研究は病的な悲嘆についてのものであるが、病的ではない悲嘆であったとしても、故人の心象が肯定的感情をもたらす可能性を示唆しているといえるだろう。ただ、その場合は、亡くなっているという事実に対する悲しみに関する脳の活動も同時に見られるかもしれないが。遺族が故人と継続的な絆を維持しているとすれば、亡くなった後も故人の心象はその後の遺族の生活体験によって消去されず、忘却されない形の心象として存在しているのではないか。その比較として、記憶が影響を与える精神疾患の代表的な疾患である心的外傷後ストレス症（posttraumatic stress disorder, PTSD）をあげることができる。この場合の記憶は強い恐怖を伴うトラウマ体験についてのものであり、脳内の恐怖神経回路（fear circuit model）と扁桃体の過活動による恐怖の条件づけが関連しているとされている（※26）。しかし、この恐怖記憶は、再学習によって消去（注ii）されうるものであり、恐怖を与えた存在の影響は減弱していく。この恐怖記憶に比べると故人の記憶は非常に長期的に存在し、その記憶にまつわる感情も持続している。例えば、配偶者を喪失した遺族が再婚したとしても、また、子供を喪《うしな》った遺族に新たな子供が誕生したとしても、新たな愛着対象の存在によって、故人の記憶が消去されはしない。遺族は、新たな配偶者や子供は故人の代わりにはならず、故人の居場所は心の別の場所に存在するというが、故人の心象は新たな記憶の影響を受けない心の深いレベルに存在するだけでなく、例えば内的作業モデルとして遺族のその後の人生にも影響を与え続けられることを考えると非常に特別な存在であるといえよう。

著者が、故人は代えがたい存在であるということをよく表わしていると思う作品として手塚治虫氏の「鉄腕アトム」（※27）がある。アトムは交通事故で息子を失った天馬博士がその代わりとして作ったロボットであるが、原作では、成長しなかったためにサーカスに売られたと描かれている。浦澤直樹氏が手塚作品をモチーフにした「PLUTO」(※28)では、なぜ天馬博士がアトムに失望したのかについてもっとリアルな描写がある。アトムは姿かたちも(おそらくは声も動作も)息子とそっくりであったが、人格までは同じではなかった。天馬博士は、生前の息子の欠点がアトムには引き継がれていないことを知ると、息子の代わりは存在しないことを悟って深い悲しみに暮れるのである。

悲嘆は愛着対象の喪失ということに限定されないのではないかという議論は、実は動物の悲嘆というテーマからも検討できるのではないかと思われる。子育てを行う動物では、子供は養育者にしがみつき、離れるとそれを追いかける行動が存在する。これは愛着関係が動物の親子においても見られることを示している。しかし、このような愛着行動は、子育ての際に必要なものであり、例えば巣立ってしまったあと、子供が親を探し求めているわけではないので、動物の場合、仮に悲嘆があってもそれは親を喪った子供や子供を失った親などに限定されるものではないかと考えられる。実際、母猿が子供を失った後もミイラ化するまでずっと抱え続けることなどが報告されている(※29)。この論文では、悲嘆ではなく、母猿は子供の死んでいることを理解できていなかったのかもしれないと考察しているが、これは子孫を残すという点において合目的な行動といえない行動である。キング(※30)は、その著書の中で、アヒルや猫、ゾウなど様々な動物が配偶者やきょうだい、あるいは群れのリーダーなどの死別のあとに、人間の悲嘆と同じような追い求め、落ち込みを示したことを記載しており、動物も大切な存在の死別に対して〝悲しみ〟を感じているのではないかと述べている。特に興味深いのは、ゾウの事例である。群れのリーダーである象が死んだときの仲間のゾウの反応は、〝がくりと頭を落とし、耳は生気なく垂れさがり、尻尾は力なく揺れている。群れのゾウはいったりきたりを繰り返すだけで、特に目的があるようには思えない。どうやら傷心状態にあるらしい〟(※30)であり、まさに悲嘆にある人の姿と重なる。さらに、このゾウの群れは、亡くなった仲間の遺体を毎日さわりにきたり、埋葬したりしただけでなく、亡くなって1年後にその場所を訪れたという記録があり、このことはゾウにとって、その群れのリーダーの記憶が亡くなって1年後も残り続けたことを意味している。

この節は、「悲嘆とは何か」という問いに対する検討である。愛着理論が現在の悲嘆研究の主流であるとしても、悲嘆は愛着対象（あるいは養育対象）の喪失であると結論づけることで終わるのだろうか。悲嘆は確かに、愛着対象の喪失に起源を発しているかもしれないが、人間だけでなく、動物においてももっと複雑な意味を持っているように思われる。内的作業モデルを構成する心象としての故人の位置づけは魅力的な答えではあるが、もっと記憶を含む複雑な脳の機能全般に関わっているように思われる。これほどに私たちの精神世界に深く根を下ろした存在を表現する言葉が〝愛する人〟なのであろう。しかし、悲嘆がどのような場合に生じるのかの実証的な研究は実は乏しく、今後の発展が待たれる分野である。

【三】悲嘆の意味

（一）愛の代償

前節は、「悲嘆とは何か」という疑問に対する検討であるが、この節では、「なぜ悲嘆があるのか」という悲嘆の意味について検討を行うものである。

人間がストレスに対して示す反応は、多くの場合、合目的である。ＰＴＳＤの患者は、減衰しないトラウマ体験の生々しい記憶にさいなまれるが、このような命を脅かす記憶は、また同じような危険にあわないために必要なものである。また、このようなトラウマ体験後、健忘や現実感覚の喪失などの解離反応も生じるが、これはあまりにつらい体験から心を守る反応であるといえる。精神反応だけでなく、身体反応もそうである。火傷をするとその場所が赤く腫れ、水泡状になることもあり、激しい痛みが生じる。これは、熱によって損傷した部位を修復するために、様々な炎症細胞がそこに集積することから生じるのであり、治癒に至る一過程である。火傷のように悲嘆の悲しみや追い求め、故人のことで頭がいっぱいになり、周囲に関心がなくなることや、罪悪感などの苦しい悲嘆の反応は、果たして遺族に有用な役割を果たしているのだろうか？

キング（※30）は、動物が悲嘆を呈するのは本来的にはリスクのあることだとしている。動物は基本的には死体を埋葬しないので（前述したゾウのエピソードはかなり例外的なものである）、腐敗したり、他の捕食者がそれを食べたりするため、死んだ個体に近接していることで自分自身も捕食者に襲われたり、感染のリスクが高まる。また、死んだ子供を長期に母猿が抱えていれば、次の子孫を残す上で妨げになるであろう。人間においても同様である。配偶者を亡くした遺族が、いつまでも故人に固執して別のパートナーを見つけようとしなかったり、子供を亡くした親が、落ち込むあまり次の子供やあるいは他の子供に関心が向かなくなったりすることは、子孫を残すという点では不利益である。それどころか、死別は、寿命の短縮や心身の健康の不良、更には自殺行動の増加に結びついており（※4）、良好な予後に結びつかないのである。ボウルビィは、本来の悲嘆反応は離れてしまった愛着対象を呼び戻そうとする反応であり、その点において意味のある反応であるとしている（※12）。しかし、これが有益なのは、愛着対象が生存しており、再会できるからである。死別の場合、その嘆きに対して故人が帰ってくることはなく、抑うつや絶望の反応が長期に続くことになる。ボウルビィの後継者であるパークスは、〝悲嘆は愛の代償である〟と述べている（※31）。つまり愛着理論からいえば、死別における悲嘆反応はその目的を果たさないが故に、失われた対象との絆の代償として生じざるをえないことを意味している。キング（※30）もまた、動物が悲嘆らしき反応を呈するのは、〝動物が結んだ深い絆の副産物であるかもしれない（※31 p90）〟と述べている。

(二) 悲しみの役割

しかし、悲嘆反応のすべてが有益ではないとはいえない。確かに、故人に固執したり、喜びや楽しみを伴うような生活への回避は喪の作業を阻害する要因にはなるが、悲しみという感情はどうであろうか？　悲しみには、人の共感を引き起こし、援助したいという行動を誘発するという役割があるとされている。近年の研究では脳内のミラーニューロンが共感にも関わっていることが報告されている(※32)。ミラーニューロンは、自分が行動するときと、他者が行動するときの両方の状態で興奮する神経細胞であり、他人の行動を見たときに自分が行っているように反応する。これは運動だけでなく、他人の感情反応を見て自分のように感じる共感にも関連している。ミラーニューロンの活動と痛みの共感性についての研究が多くなされている。実験では、パートナーに痛みが加えられている状況を見たときに、体性感覚野での興奮は見られないが、痛みを情動的に処理する部分（島前部と帯状回）の活性化が見られたとされている(※32)。また、高橋ら(※33)は、人の表情の図版を提示し、悲しみや涙の表情に対して、大脳皮質の内側前頭前野、楔前部と後部帯状回の活性化が見られたと報告しており、人の悲しみに対して脳が反応していることを示唆した。実際に人間は、自分の事ではない悲しみ―フィクションである映画やTVなどのドラマや小説に対しても―を見聞きする時に、悲しみを感じ涙を流す。また、悲しんでいる相手を前にしたときに、私たちは、放っておけない、助けたいという気持ちが動いてその人を援助しようとするだろう。このように遺族の悲しみは、周囲の共感と援助行動を引き起こすので、遺族は周囲からの助けや慰めを得ることができるようになる。

ボナーノ(※34)は悲しみの感情そのものも、喪失を受け入れ、その状況に適応していく助けになると述べている。悲しみは人を抑制し、内向させることで、時間をかけて悲嘆に向きあうことを可能にし、故人への思いや、死別の状況、自分自身や他者について深く考えるようになるからである。また、悲しみに伴って涙を流すことは生理学的にも意味があるとされている。感情が動かされて涙を流すときには副交感神経が優位になりリラックス感をもたらすが、特に号泣したときには前頭前野が激しく活動し、その後に副交感神経の活動が非常に活発になり緊張や不安が緩和されていた（※35）。もちろん、このことは悲嘆の回復に泣くことが重要だといっているわけではないが、悲しみを抑制する必要はないといえるかもしれない。

（三）悲嘆と怒り

悲嘆に見られる感情の一つに怒りがある。この怒りは様々な理由によって生じると考えられる。事故や犯罪のように、加害者が存在する場合には、相手に対して激しい怒りを感じるであろう。特に相手が、加害行為について反省していない場合はなおさらである。自分の大切な人が亡くなったのに、加害者がいま生きており、刑期を終えれば自分の家族のもとに帰り、平穏な日々を過ごせるのではないかと考えると犯罪被害者の遺族は、加害者や加害者の家族を殺したいとさえ思うことがある。しかし、このような加害者がいない場合でも怒りは生じる。遺族は自分がその死を防げなかったことやその人を守れなかったことに対して強い罪悪感や自責感を抱く。自責感はその言葉の通り、自分のふがいなさに対して怒りを覚え、自分を責めているのであり、怒りの感情が変化したとも言えるであろう。自死の場合は、特に守れなかったことに対する自責の念は著しく、実際に死を決意したのは故人ではあるが、死の一切の責任が自分にあるかのように考えてしまう。自死の場合には、故人に対しての怒りも見られる。なぜ打ち明けてくれなかったのか、どうして信頼してくれなかったのか、なぜ見捨ててしまったのかということに対して、悲しみと共に怒りを感じることがある。

怒りはその原因となったと遺族が考える対象だけでなく、運命や神などの抽象的なものや、まったく関係のない周囲の人々にも向くことがある。運命や神に対しては、「なぜ、大切な人が奪われなければならなかったのか」という理不尽さに対する怒りである。自分自身も、大切な人も、何か悪いことをしたわけではなく（比較すれば）もっと悪い人も生きているのに、なぜ、死ななければならないのかという問いに対しての答えはない。この怒りは私たちが持つ、公正世界信念に基づいているといわれている。公正世界信念（※36）とは、行いに対して公正な結果が返ってくるという信念であり、具体的には良い人には良いことが起こるし、悪い人は報いを受ける、努力は報われるという考え方である。しかし、実際には世の中には、そのようにはならないことがたくさんあり、大切な人の死もその一つである。誰しもが公正世界信念をある程度は有しているので、死が起こると、いままでの信念とは異なる結果が起こったことに対して、この信念自体が誤っているのであり、世の中は不条理で不公平だと感じるときに怒りが生じるのである。そもそも、人間にとって怒りは、攻撃から身を守るための大切な感情である。湯川（※37）は怒りを「自己もしくは社会への、不当なもしくは故意による（と認知される）、物理的もしくは心理的な侵害に対する、自己防衛もしくは社会維持のために喚起された、心身の準備状態」と定義しているが、この定義からは、大切な人を不当に奪われたと感じている遺族が怒りを感じるのは当然であるとも言える。ボナーノ（※34）は、喪失とそれがもたらす感情の変動に圧倒されている遺族が、その後の人生に立ち向かう上で怒りは役に立つかもしれないと述べている。確かに、怒りは人を動かす力になる。加害者やその死に責任がある人や機関が存在する遺族は、裁判などを通してその怒りを正当な社会的な活動として表出する。しかし、怒りが攻撃として、その死に責任がない周囲の人に対して表われると、対人関係の悪化や時に周囲からの否定的な評価を招く可能性がある。実際ほとんどの人は、怒りを相手に攻撃としては表出せず、内にとどめている。実際、怒りを感じている人の約３分の１は怒りに至る経緯や感情を他者に開示する対処をとり、攻撃的な言動として表出する人は多くない（14・３％）（※38）。しかし、遺族は、周囲には表現することが難しい怒りを様々に抱えている。例えば、おそらくは慰めようと思っていっている周囲の言動―〝いつまでも泣いていると故人が浮かばれない〟、〝亡くなったのは、その人の寿命で仕方がない〟、〝もう一人子供がいるのだから、あきらめなさい〟など―に対して、その無理解に対して傷つき、怒りを感じたとしても、それを伝えることは難しいだろう。また、外を歩いている家族連れが楽しそうに過ごしている姿や、家族の年賀状、大切な人が亡くなったのに世界が平和で穏やかである理不尽さなどに対する怒りはどこにも行き場のない怒りである。このような怒りは日常では抑圧したり、人と関わらないなどの回避的行動をしたりすることによって抑え込むしかなく、同じような体験をしている遺族会やカウンセリングでようやく安心して表出することができる。

　大切な人を奪われた怒りが最も攻撃的な形で表われると〝復讐〟という形をとることがある。この時、怒りという一次感情は、憎しみという強烈な二次感情(注iii)に変わっている。日本は漫画やアニメ大国であるが、実は戦いが描かれる作品の多くで、主人公が戦いに巻き込まれる背景に大切な人の死が存在している。このようなアニメーションが恐ろしいのは、子供が(大人も)主人公の喪失の苦痛と怒りに共感し、そのような理由があるならば、相手に復讐することは当然なのだと攻撃行動が正当化されることであろう。残念ながら、憎しみや復讐の結果は、フィクションではなく、いまこの現実の世界の中で起こっている。中東やウクライナで、突然の爆撃によって子供が失われたことによる親の絶望と嘆きそして怒りを私たちは映像で見るが、理念による戦いには共感できなくても、大切な人を奪われた怒りから来る戦いには、共感するのではないだろうか(その是非は別として)。戦争とは結局、大切な人の命を奪うことにしかならず、その結果は、人々の怒りと憎しみを生じさせるだけである。その怒り、特に憎しみが所属するコミュニティーによって共有され正当化されることで、暴力の連鎖を生み出してしまう可能性がある。漫画の「PLUTO」(※28)では、大切な家族を戦争で奪われたことから生じた怒りと憎しみが次の暴力を生み出すという連鎖が描かれているが、そのむなしさに気づいた登場人物たちが繰り返し語る次の言葉が印象的であった—憎悪からは何も生まれない—。遺族の怒りの感情そのものは、否定すべきものではないが、それが憎しみに転化し、自分や他者を攻撃する行動になることは避けなくてはならない。ボス(※39)は、行方不明などのあいまいな喪失の理論で有名な研究者であるが、この終結のないあいまいな喪失への対処には、無理やりな終結や結論を引き出すのではなく（例えば、行方不明者の家族に死を受け入れるように勧めるなど）、そのあいまいさに耐えうるレジリエンスを強化することだと述べている。ボスは、コソボで子供が虐殺された母親の「憎しみはどうしたらよいのでしょう？」という質問に対して、二つの握りこぶしを持ちあげ、怒りや憎しみを消そうとすることはおそらく難しいことであるが、自分自身の強さやレジリエンスを培うことでバランスをとることが可能であり、このレジリエンスを徐々に高め、憎しみを凌駕することができると答えた（※40）。また、この強さやレジリエンスは、自分の健康に気をつけること、トラウマの治療を受けることなどの自分を大切にすることに加え、他の子供たちをケアし、他者とつながることだとも述べている（※39）。

犯罪被害や自死の遺族が、犯罪や自殺の抑止に向けての法律や制度の確立のために活動したり、同じ遺族をケアしたりすることを行うのもまた、レジリエンスに力を与える行動であろう。

【四】喪失の痛みに対して私たちは何ができるのか？

（一）悲嘆はどのように経過するのか

悲嘆の多くは病的なものではなく、時間の経過とともに和らいでいくことが多いとはいえ、その苦痛は著しく、またその激しい悲嘆が和らいでいくまでには年単位の時間を要することが多い。米国の病的ではない悲嘆の遺族の縦断的観察研究（※40）では、思慕、怒り、抑うつなどの悲嘆に見られる感情は死別から6カ月まではむしろ強まることがあるが、6カ月以降軽減していくことが見られた。しかし、この研究は、6カ月すれば遺族が悲嘆の苦痛がなくなるという意味ではなく、実際に穏やかに過ごせるようになるにはもっと時間がかかる。エンジェル（※3）が、悲嘆を火傷に例えたように、自然治癒するとしても、その痛みや腫れに対してケアが不要ということではない（ほとんどの人は冷やしたり、抗炎症剤は使うであろう）。病的な悲嘆でないとしても、遺族が悲嘆の過程を過ごしていく間に必要なケアや支援は存在する。

ただ、すべての遺族が専門的な心理ケアを必要としているわけではない。ボナーノ（※34）は、死別の直後から、喪失体験を受け入れ、ショックや悲しみはあるとしても十分に対処でき、悲嘆に対してレジリエンスを示す一群があると述べている。このような反応に対しては、悲嘆が表面化しないだけで未解決の悲嘆が潜在しているのであって、病理的だとする見方が従来の悲嘆研究者からあったが、そうではなく、健康的な反応があるのだとした。筆者もそれに同意する。長期間の看病や介護、死を準備し看取る時間があり、十分にやりつくしたと遺族が感じるときには、悲しみはあっても穏やかに過ぎていくであろう。しかし、専門的な治療やケアはいらないとしても、どのような遺族に対しても死別に関連する様々な出来事への対処の手助けや、優しい言葉、疲労へのいたわりなどの広義の支援やケアは必要であろう。遺族へのケアは、その人の悲嘆の状況だけでなく、仕事や家庭、経済的状況によって多様に行われることが望ましい。

そもそもほとんどの遺族は専門家の支援を必要とはしない。このことに対して、悲嘆の過程を説明するフロイトの喪の作業理論（※13）や、ボウルビィ（※12）やパークス（※31）の悲嘆の段階・位相説は十分に説明できていない。なぜなら、これらの理論は、遺族の悲嘆は観察すればそのように悲嘆が経過していくことを表しているのであり、どうしてそのように悲嘆が経過するのかについては不明なままなのである。

それに対して、実際に何を行うことで日常生活が回復されるまでに悲嘆が進んでいくのかを説明しているのが、シュトレーベら（※41・42）が提唱した二重過程モデル（dual process model）である。彼らは、遺族が死別後の状況や悲嘆に対して能動的に対処していることに注目し、〝喪失志向（loss-oriented）〟と〝回復志向（restoration-oriented）〟の二つの方向性を行ったり来たりする（oscillation: 揺らぎ）ことで、悲嘆が進行していくと述べた。〝喪失志向〟とは、遺族が喪失体験のいくつかの側面に集中して向き合うことであり、亡くなったことに対して嘆き悲しみ、その人を悼み、写真を見るような行動である。回復志向は、死別の結果生じる二次的なストレス要因に焦点を当て、亡くなった人のいない世界での自分の人生を再構築するための活動を指しており、ここには、悲嘆を脇に置いて現在の生活に向き合うことが含まれる。悲嘆の悲しみはあまりに強いのでそこに向き合い続けることはできないので、時にそれを回避することは適応的な行動となる。この二つの方向性の対処行動を行うことで、遺族はそれぞれの志向性におけるポジティブとネガティブの両方の意味を再検討することになり、悲嘆は適応的な方向へ進むと考えられる。このモデルの利点は、遺族が現実生活に取り組もうとすると必然的にこのような揺らぎを経験するようになるということだ。例えば、朝起きて仏壇に手を合わせたときにはその人の不在を感じて悲しくなる（喪失志向）がその後仕事に集中している（回復志向）ときには、故人への思いは減弱するであろう。しかし、休憩時間に周囲が家族のことを話していると故人への思いに引き戻される（喪失志向）かもしれないが、それもずっと続くわけではなく、友人と食事をしているときには、そこに集中して楽しさを感じる（回復志向）かもしれない。このように現実生活を送ることそのものが促進的に働くことで悲嘆が進むとすれば、多くの人が心理ケアを必要としないのも納得がいく。この二重過程モデルは、実際の遺族においてどのように行われ、どのように有効であるのかは、まだ十分に検証されていないが、遷延性悲嘆症の治療プログラム（例えば、シアら（※43・44）が開発したprolonged grief disorder therapy）はこの二重過程モデルを治療の要素とすることで有効性を報告しており、間接的にこの二つの行動が遺族に有用であることを示しているといえよう。

しかし、シュトレーベのモデル（※41・42）には、重要な要素である〝ソーシャルサポート〟の視点が乏しい。二重過程モデルに従った対処行動は、実際のところ遺族が一人で取り組むことは難しく、他の家族、友人、職場、地域の人など様々な人との関わりがこのモデルには不可欠である。遺族は、死の事実に直面し、悲しみに向き合うときに、その気持ちを受け止め、また共に悲しむ人がいるならば、喪失志向の対処行動はより行いやすいだろう。また、自分が楽しむことに罪悪感を覚える人に対しては友人が共に過ごしてくれるなら、そこに踏み出すこともできるし、何よりも様々な死別後の二次的なストレス（葬儀や相続、環境の変化等）への援助や、新しい役割への不安に寄り添うことなどは、すべて周囲の援助があれば円滑に進むようになる。二重過程モデルは周囲の人が遺族をケアする際の重要な指針になりうるのではないだろうか。

（二）遺族とそして亡くなった人を大切にする

確かに、悲嘆は正常で時間の経過とともに和らぐものではあるが、時に、慢性化し、その人の生活を障害するようになることがある。このような悲嘆は遷延性悲嘆症と呼ばれ、遺族の約10％が罹患すると報告されている（※45）。遷延性悲嘆症に対しては、悲嘆に焦点化した治療の有効性が報告されており（※46）、心理や精神医療の専門家によって提供されるものである。また、遷延性悲嘆症だけでなく、うつ病やＰＴＳＤ、アルコール依存症や自殺行動など精神疾患や生命に関わる問題を遺族が抱える場合には、医療サービスを受けることが重要である。

ここでは、このような専門家の治療を要するわけではない通常の悲嘆を抱えた遺族に対して、周囲―コミュニティー―が何をできるかについて検討したい。ボス（※40）は、あいまいな喪失は関係性の問題なので、個人ではなくコミュニティーレベルで対応することが重要だとしている。死別もまた、関係性の喪失であるが故に同じことがいえるのではないか。

現代の日本ではコミュニティーにおける関係性が希薄といわれているが、災害時には、驚くほど被災地におけるコミュニティーの力が発揮される。災害後は、外部からの支援者もたくさん訪れるが、コミュニティーの人々自身も、避難所を構築し、地域の高齢者や孤立している人、また家屋が倒壊してしまった人などお互いが助け合う。著者は、東日本大震災から1カ月後に被災地に支援に入った経験があるが、避難所には同じ地域の人たちが集まり、自分たち自身も炊き出しをし、お互いに声をかけあっていた。そこにいた一人の女性は、津波で配偶者を亡くしたのであるが、このように話した。「それは悲しいですよ。でもみんなも同じようにつらい思いをしているから、聞いてもらえるし、何よりも、この近所の人たちが私の家族のようなものだから、何とかやっていけるんです」。この女性のレジリエンスにはコミュニティーの人との関係が大きく寄与していたと思われる。ボス（※39）は、あいまいな喪失に対処する上で、「心の家族（psychological family）」が重要だと述べている。心の家族とは、血縁ではなく、自分が家族のように感じている人を指す。例えば、親しい近所の人であったり、親友、職場の仲間や同級生、離婚した親などであったりする。この人々は、時に血縁の家族以上に、大切な人を亡くした人の気持ちを受け止め、実際の生活に向き合うことを援助してくれる存在である。

家族の一員を失ったときに、遺族は家族同士が同じ気持ちを共有していると思うが、実際には、悲嘆の表現や対処行動は様々であり、戸惑いや葛藤を抱えることも少なくない。また、悲しみを強く表現することは、他の家族に負担をかけるのではということから、自分の悲嘆を無理に隠してしまうこともある。例えば子供を抱えて父親を亡くした家庭では、母親は悲嘆に浸ることもできないくらい生活を支えることが中心になり、子供はまた母親を支えなければ（これはしばしば親戚などから言葉で強要される）と思い、自分の気持ちを表現できなくなる。そのようなときに、心の家族（子供は近所の大人や、教師などかもしれないし、母親は友人や職場の仲間かもしれない）が支えになるであろう。スクールカウンセラーやかかりつけの医師などもここに含まれる場合がある。吉池ら（※47）は、遷延性悲嘆症の遺族ではそうでない遺族に比べて、亡くなった人以外の家族に対する共感性が低下していることを報告している。このことは、他者への共感性を高めるようなアプローチは悲嘆の病理化の抑制因子になりうることを示唆している。著者が以前、遺族のメンタルヘルスの研究で会ったある男性は、犯罪被害で家族を失った人であったが、死別からかなりの時間がたっているということもあったが、とても良好な精神状態であった。その要因について尋ねると、その男性は近所の支えが大きかったのではないかと話した。報道機関に家を囲まれて買い物もままならない時もあったが、近所の人が頻繁に食事を差し入れたり日常生活を助けてくれたりしたことに加え、故人と親しい人も多く、皆が故人や遺族を大切にしてくれ、大きな一つの家族のような環境であり、孤立とは無縁だったと語った。

このような環境はコミュニティーのレジリエンスの高さを示すものであり、そのことが個人のレジリエンスを促進し、遺族の精神健康に何らかの形で寄与したのではなかろうか。

自死遺族ではしばしばまったく異なる状況が生まれる。自死そのものがトラウマティックな死別であり、遺族への心理的影響が大きいだけでなく、自死に対する偏見やスティグマのために、遺族は自死であることを周囲から隠したい、あるいは故人について聞かれたくないという思いから、それまでの人間関係を避けたりするようになることがある。近年のSNSでの様々な周囲の反応には、心ない中傷も含まれ、コミュニティーが遺族や故人を傷つけるような存在になることもある。自死遺族の遷延性悲嘆症の有病率は非常に高い（オランダの研究、死別から8～10年の時点で遷延性悲嘆症の有病率は57・4％（※48））が、周囲のネガティブな関わりや遺族の孤立はリスク要因となっている可能性がある。自死遺族に限らないが、ソーシャルサポートの低さは遷延性悲嘆症のリスク要因とされている（※50）。

いままで述べてきたことは、遺族のケアに対するコミュニティーの役割の重要性であるが、コミュニティーのできるもう一つの重要な側面は、故人を大切にすることである。故人を大切にということは、言い換えると故人の尊厳を大切にし、その死を悼み、その人の存在を忘れないということである。災害やテロなど多くの人が失われる場合には、その出来事があった日に追悼の儀式が行われることで、人々はそこで起こった出来事と、そこにいた人を忘れず、追悼することができる。また、その日だけでなく、いつでも、未来に向けて、人々がその出来事を記憶にとどめるためには、追悼の場所も重要である。2001年に発生したアメリカの同時多発テロ事件で、ニューヨークではワールドトレードセンターが破壊され、廃墟になった。その跡地（グラウンド・ゼロ）は現在、記念館（911メモリアル）が建てられている。著者もその地を訪れたことがあるが、噴水の周りには、ブロンズ製のプレートが置かれ、そこには、犠牲者全員の名前が刻まれている。広島の原爆記念館もまた、その悲劇を記憶にとどめるために残された。故人の存在を記憶にとどめ、悼み、そしてこのような悲劇を起こしてはいけないという未来への教訓を維持することは、コミュニティーの重要な役割である。遺族にとって、故人の尊厳が守られ、その価値を共有されていると感じることが、レジリエンスにつながると思われる。なぜなら、人々の記憶にある限り、その人の存在は失われないからである。

このような多くの人が巻き込まれた事件や災害ではコミュニティーが継続して追悼を行うが、個人的な死に対しての追悼は家族だけで終わるのだろうか。近年、インターネットを活用することで、ブログやSNSで追悼のメッセージを発信することが増えてきている。このようなツールは費用も場所もかからないだけでなく、同じような経験をした遺族とのつながりを見出す上でも重要であり、ネット上のコミュニティーは、誤った情報や非難・中傷を広げるリスクではあるものの、死別と悲嘆における新たな資源になりつつある（※50）。

【五】おわりに　―宗教、そして近代科学と悲嘆―

本稿の最後に悲嘆における宗教の役割について検討したい。宗教は死者の霊魂の救済だけでなく、遺族に対するケアも担っている。宗教者の役割は、一つは、スピリチュアルな概念を通して、遺族が死別・喪失の意味づけを行うことを助けることがある。もちろんこれは宗教によって異なっているが、例えば、故人が死後の世界で平安を得ているということを確信できることは安心感を提供するであろう。宗教によっては死後の世界での故人との再会の希望を持つこともできる。また、遺族に対する癒やしや生きる意味を提供する役割がある。しかし、宗教者の対応や極端な教義は、故人の尊厳が逆に損なわれ、遺族の罪悪感を強化してしまう場合もある。中世のキリスト教では、自死者に否定的な態度をとり、教会が自死者の葬儀や埋葬を拒否していた（現代においてこれは行われていない）。仏教における因果応報の教えが不適切に用いられたときには、遺族は故人の死が自分の罪であるように感じ、強い自責感を感じることがあるかもしれない。宗教者が、悲嘆や遺族に対する理解に乏しい場合には、むしろ遺族を傷つける可能性があることも報告されている（※51）。

特別の宗教に属さず、特別な信仰を持っていない遺族であっても、葬儀は執り行うことが多いであろうし、その際には、その時まで考えなかった自分の家の宗派を意識することもあるであろう。宗教者は、葬儀を宗教的・社会的に認知される「儀式」として位置づけることができる。特に葬儀は、故人への思いや、あるいは故人の思いを遺族が代弁する大切な場所でもある。また参加者と共に、故人への感謝や故人のなしたことを讃え、敬意を表する場でもある。

また、死別に関する儀式は、繰り返し、自分の悲嘆を見直したり、故人への思いを整理したりする機会となる。日本では四十九日や一周忌、三回忌などの親せきや知人が集まって追悼する儀式が存在するが、そこに向き合うことは喪失志向のプロセスであるとともに、一つの区切りとして新しい生活に目を向ける儀式ともなるであろう。このような儀式には文化差がある。キリスト教の文化圏にある人は、おそらく日本のお盆などはとても不思議に感じるかもしれない。お盆は、故人が現実の世界に（霊魂として）帰ってくるとするものであり、故人を非常に身近に感じ、つながりを確認する手掛かりになるだろう。おもに仏教式に故人を追悼している家庭には、仏壇があり、手を合わせながら故人と対話することを行う人も多い。

ボナーノ（※34）の著書には、中国に行った際に、祖先廟で中国人が、紙で作られた供物（お金や家など）を燃やして捧げるのを見て、自分の父親にもその儀式をしてみたいと感じたことが書かれている。彼は実際に、中国人と同じように仏教式の祭壇で礼拝をしたときに、そこに眠るほかの人々と共に父親の存在を感じ、厳かな感覚と共に父親との深い絆を感じたことを述べている。ボナーノは、信仰にかかわらず、人々との儀式そのものに意味があり、そこで何らかの意識の変換が起こることを期待され、また繰り返されるのだと悟ったとしている。そうであれば、人々が集合体として弔う場があり、そこに誰かが祈りを捧げるのであれば、死者も生者もつながりを持つことができるのである。そのような場所と儀式を作り出すという役割も宗教は担っている。

悲嘆に対する宗教や信仰、スピリチュアリティの役割はまだ科学的には説明できていない。悲嘆に対する宗教やスピリチュアリティの関係についての研究（※52）では、スピリチュアル・ウェルビーイングが高い人ほど、より強い悲嘆体験が少ないことが示されたとしている。死者を悼むことが悲嘆に与える影響については、今後更なる研究が必要であろう。

実際には、日本人の死亡者数は年々増えているにもかかわらず、現代社会において、死は非日常的なものとなっている。そのため、故人をどのように悼み、どのように遺族に接するのかについての、家庭や地域社会における情報の継承はどんどん薄れてきているように思われる。新型コロナウイルス感染症が蔓延した初期では、死は非日常ではなくなり、人々はそこに直面せざるをえなくなった。しかし、新型コロナウイルスの感染リスクから、看取りや葬儀などの通常の死別では行われていた多くの事、特に故人を悼む儀式ができなくなったことで、私たちは改めて死とその儀式がいかに遺族にとって重要かを認識するようになったかもしれない。

一方で、現代社会は新しいツールを手に入れ、新たな追悼の在り方を模索し始めている。例えば、インターネットを利用することで、故人や遺族の思いなどの情報を発信し、世界中の遺族がつながることができる。また、ＡＩの発展により、生前の故人の姿や声を再現し、対話ができるという商業ベースのサービスが既に行われており、ロボットで故人を再現する鉄腕アトムの時代はすぐそこに来ているのかもしれないし、ロボットではなくクローンで再生するという未来も幻想ではなくなってきている。

紀元前1300年頃に亡くなったツタンカーメン王の墓には花輪が捧げられていたという。いかに科学や医学が発展しても人は死ぬのであり、数千年もの間、変わらず人は死者を弔い悲しんできたのである。現在の新たなツールは人間の悲嘆と追悼の儀式をも変えるのであろうか？　すべてのものには、良い面と、悪い面があるだろう。研究者や臨床家、そして宗教者も、新しいツールに使われるのではなく、それを活用していくことが期待されているのである。

◉注

i　リビード：ラテン語の Libido（リビドーと訳されることの方が多い）。フロイトは性的欲動を示す言葉として用いたが、単純な性的衝動ではなく、人間の活動の源泉となる欲求を意味している。現在の精神分析学では、無意識の領域（イド）から生じる人間の欲求に変換可能な心的エネルギーとして捉えている。

ii　ここでいう記憶の消去は、その事実についての記憶がすぐに消えてしまうことを意味しているのではなく、強い感情や感覚を伴う外傷性の記憶がエピソード記憶に変換され、最終的に過去の出来事として位置づけられることを意味している。実際このような変化があることは、ＰＴＳＤの治療での曝露療法が有効であることと関連している。

iii　一次感情とは、人間が基本的に経験する普遍的で本能的な感情であり、出来事や状況に対する直接的な反応である。具体的には、恐怖、怒り、喜び、悲しみ、驚きなどの感情である。一方、二次感情は、一次感情を基盤にして認知や思考によって形成されるより複雑な感情であり、罪悪感や恥、憎しみなどが代表的なものである。

◉引用文献

※１　厚生労働省令和５年（２０２３）人口動態統計月報年計（概数）の概況　厚生 https://www.mhlw.go.jp/toukei/saikin/hw/jinkou/geppo/nengai23/index.html．２０２４年９月10日閲覧）

※２　Stroebe MS, Hansson RO, Schut H, et al.: Handbook of bereavement research and practice: Advances in theory and intervention. Stroebe MS, Hansson RO, Schut H, et al.,eds. Washington D.C.：American Psychological Association, 2008

※３　Engel GL: Is grief a disease? A challenge for medical research. Psychosomatic medicine 23:18-22, 1961

※４　Stroebe M, Schut H, Stroebe W: Health outcomes of bereavement. Lancet 370:1960-73, 2007

※５　American Psychiatric Association: Diagnostic and Statistical Manual of Mental Disorders, Fifth Edition, Text Revision: DSM-5-TR. Washington D.C. and London: American Psychiatric Association, 2022（日本精神神経学会監修、高橋三郎、大野裕監訳：DSM-5―TR™　精神疾患の診断・統計マニュアル．東京：医学書院．2023.）

※６　World Health Organization: ICD-11 for Mortality and Morbidity Statistics（Version：04 / 2019）https://icd.who.int/browse11/l-m/en#/http%3a%2f%2fid.who.int%2ficd%2fentity%2f1183832314. Genova: WHO, 2019）

※７　トマス・ブルフィンチ著，大久保博訳：完訳　ギリシア・ローマ神話　上下合本版．東京：株式会社 KADOKAWA, 2016

※８　中村啓信：新版　古事記　現代語訳付き（角川ソフィア文庫）．東京：KADOKAWA 2014

※９　日本聖書協会：聖書 聖書協会共同訳．東京：日本聖書協会，2019

※10　赤松孝章：キサーゴータミー説話の系譜．高松大学紀要 34:1-15, 2000

※11　C．S．ルイス著，西村徹訳：C．S．ルイス宗教著作集６　悲しみをみつめて．東京：新教出版社，1964

※12　Bowlby J: Attachment and Loss Vol.3 Sadness and Depressim 1. London: Tavistock Institute of Human Relations, 1980（J・ボウルビィ著，黒田実郎ら訳：母子関係の理論 新版Ⅲ 対象喪失．東京：岩崎学術出版社，1981）

※13　Frued S: Trauer und melancholie. Internanationale zeidschrift fur arzriche. Psychoanalyse 4:288-301, 1917

（新宮一成他訳：喪とメランコリーフロイト全集14，東京：岩波書店，p274, 2010

※14　遠藤利彦：アタッチメント理論の基本的枠組み；数井みゆき，遠藤利彦編著 アタッチメント　生涯にわたる絆．京都：ミネルヴァ書房，2005

※15　Herman JL: Trauma and Recovery. New York: Basic Books, 1997（ジュディス・L・ハーマン原著，中井久夫，阿部大樹訳：心的外傷と回復 増補新版，東京：みすず書房，2023）

※16　Roque L, Verissimo M, Oliveira TF, et al.: Attachment security and HPA axis reactivity to positive and challenging emotional situations in child-mother dyads in naturalistic settings. Dev Psychobiol 54:401-11, 2012

※17　Qun J, Shan L, Qian Z, et al.: The influence of maternal encouragement of autonomy on toddler's exploration: Moderating effect of attachment. Acta Psychologica Sinica 50:750-60, 2018

※18　Bowlby J: Attachment and Loss, Vol.2. Separation. Anxiety and Auqer. London:Tavistock Institu of Human Relatious., 1973（J・ボウルビィ著，黒田実郎ら訳：母子関係の理論 新版Ⅱ 分離不安，東京：岩崎学術出版社，1991）

※19　Klass D: Solace and immortality: Bereaved parents' continuing bond with their children. Death Studies 17: 343-68, 1993

※20　Klass D, Goss R: Spiritual bonds to the dead in cross-cultural and historical perspective: comparative religion and modern grief. Death Stud 23:547-67, 1999

※21　Neimeyer RA: Searching for the meaning of meaning: Grief therapy and the process of reconstruction. Death Studies 24:541-58, 2000

※22　坂上裕子：アタッチメントの発達を支える内的作業モデル；in アタッチメント　生涯にわたる絆．数井みゆき，遠藤利彦編著，京都：ミネルヴァ書房，2005

※23　Frankl VE: Ein Psycholog Erlebt das Konzetrationslager : Oesterreichische Dokuments zur Zeitgeschichte 1. München: Kösel-Verlag, 1947（ヴィクトール・E・フランクル著，池田香代子訳：夜と霧 新版，東京：みすず書房，2002）

※24　ベルクソン 著 熊野純彦訳：物質と記憶，東京：岩波書店，2015

※25　O'Connor MF, Wellisch DK, Stanton AL, et al.: Craving love? Enduring grief activates brain's reward center.

NeuroImage 42:969-72, 2008
※26　塩入俊樹:Fear circuit　モデル；最新医学　別冊　新しい診断と治療のＡＢＣ 70　心的外傷後ストレス障害(PTSD)．飛鳥井望編，東京：最新医学社，2011
※27　手塚治虫：鉄腕アトム1　Kindle版．東京：手塚プロダクション，2014
※28　浦沢直樹 × 手塚治虫：PLUTO. 東京：小学館，2004
※29　Biro D, Humle T, Koops K, et al.: Chimpanzee mothers at Bossou, Guinea carry the mummified remains of their dead infants. Curr Biol 20:R351-2, 2010
※30　King J: How Animals Grieve: The University of Chicago Press, 2013（バーバラ・J・キング著 秋山勝訳：死を悼む動物たち，東京：草思社，2014）
※31　Parkes CM: Bereavement -Studies of Grief in Adult life. London: Routledge, 1996（コリン マレィ パークス著，桑原治雄ら訳：死別第2版：遺された人たちを支えるために．東京：メディカ出版，2002）
※32　Singer T, Seymour B, O'Doherty J, et al.: Empathy for pain involves the affective but not sensory components of pain. Science (New York, NY 303:1157-62, 2004
※33　Takahashi HK, Kitada R, Sasaki AT, et al.: Brain networks of affective mentalizing revealed by the tear effect: The integrative role of the medial prefrontal cortex and precuneus. Neurosci Res 101:32-43, 2015
※34　Bonanno GA: The other side of sadness: What the new science of bereavement tells us about life after loss. New York, NY: Basic Books, 2009（ジョージ・A・ボナーノ著，高橋祥友訳：レジリエンス 喪失と悲嘆についての新たな視点，東京：金剛出版，2013）
※35　有田 秀：【ストレスと生活】涙とストレス緩和．日本薬理学雑誌 129:99-103, 2007
※36　Lerner M: The Belief in a Just World: A Fundamental Delusion. N.Y.: Springer, 1980
※37　湯川進太郎：怒りの心理学―怒りとうまくつきあうための理論と方法，東京：有斐閣，2008
※38　Yukawa S: Anger experience and the process of calming down. The Japanese Journal of Psychology 74:428
※39　Boss P: Loss, trauma and resilience : therapeutic work with ambiguous loss. New York: W.W. Norton and company, Inc., 2006（ポーリン・ボス著，中島聡美ら監訳：あいまいな喪失とトラウマからの回復：家族とコミュニテ

ィのレジリエンス．東京：誠信書房，2015）

※40　Maciejewski PK, Zhang B, Block SD, et al.: An empirical examination of the stage theory of grief. JAMA 297: 716-23, 2007

※41　Stroebe M, Schut H: The dual process model of coping with bereavement: Rationale and description. Death Studies 23:197-224, 1999

※42　Stroebe M, Schut H: The dual process model of coping with bereavement: a decade on. Omega (Westport) 61:273-89, 2010

※43　Shear K, Frank E, Houck PR, et al.: Treatment of complicated grief: a randomized controlled trial. JAMA 293:2601-8, 2005

※44　Shear MK, Wang Y, Skritskaya N, et al.: Treatment of complicated grief in elderly persons: a randomized clinical trial. JAMA Psychiatry 71:1287-95, 2014

※45　Lundorff M, Holmgren H, Zachariae R, et al.: Prevalence of prolonged grief disorder in adult bereavement: A systematic review and meta-analysis. Journal of affective disorders 212:138-49, 2017

※46　Johannsen M, Damholdt MF, Zachariae R, et al.: Psychological interventions for grief in adults: A systematic review and meta-analysis of randomized controlled trials. Journal of affective disorders 253:69-86, 2019

※47　Yoshiike T, Benedetti F, Moriguchi Y, et al.: Exploring the role of empathy in prolonged grief reactions to bereavement. Sci Rep 13:7596, 2023

※48　de Groot M, Kollen BJ: Course of bereavement over 8-10 years in first degree relatives and spouses of people who committed suicide: longitudinal community based cohort study. Bmj 347:f5519, 2013

※49　Simon NM: Treating complicated grief. JAMA 310:416-23, 2013

※50　Stoll EJ: Online memorials; in Techniques of grief therapy: Assessment and intervention. Neimeyer RA ed. New York: Routledge/Taylor & Francis Group, 2016

※51　Lee SA, Roberts LB, Gibbons JA: When religion makes grief worse: Negative religious coping as associated with maladaptive emotional responding patterns. Mental Health, Religion & Culture 16:291-305, 2013

※52　Gordin Y: Religion and spirituality as moderators in the grief experience; in Dissertation Abstracts International: Section B: The Sciences and Engineering: ProQuest Information & Learning, 2018

おわりに

武蔵野大学カンファ・ツリー・ヴィレッジ叢書の第一巻をここに刊行する。「はじめに」で松本紹圭氏が述べる通り、武蔵野大学は創立100周年事業の一環として、現代世界の諸課題に向き合う識者らを国内外から招き、大学側の研究者たちと長時間に及ぶ対話（英語ベース）を行うというプロジェクトを展開している。その成果の一つが本書である。今後も、対話の内容を基盤とする叢書シリーズを定期的に刊行していく予定だ。

2023年11月12～14日に京都の法然院で実施された対話の主役は、現代を代表する仏教の著述家であり活動家のスティーブン・バチェラー氏であった。氏と哲学者の一ノ瀬正樹氏による対話の記録を基調として、本書は編まれている。

「西洋の仏教者と日本の哲学者が対話する」は、バチェラー氏と一ノ瀬氏の対話の記録のうち、まさに正念場といえる部分を中心にまとめた。東洋の代表的な伝統思想である仏教をバックボーンとする西洋人と、西洋の学問や知の本流をなす哲学を長年研究してきた東洋人（日本人）による、極めて斬新な議論から、読者は数多くの啓発的な知見や問いを得られるだろう。

続く碧海寿広「スティーブン・バチェラー論」は、バチェラー氏の来歴やその世俗仏教論の概要を論じる。バチェラー氏は欧米を中心に世界各国で支持者を増やしているグローバルな仏教者だが、日本ではその思想や活動がほとんど知られていない。本論は、氏の革新的な仏教思想とその意義について記した、本邦初の体系的な紹介と考察の著述となる。

スティーブン・バチェラー（嵩宣也訳）「世俗仏教」は、バチェラー氏の主張のエッセンスが示された英文の日本語訳だ。世俗仏教の趣旨を当人の説明から学ぶには、まずもってこちらの文章を読むのがよいだろう。なお、英語の原文は Stephen Batchelor, *Secular Buddhism: Imagining the Dharma in an Uncertain World*, Yale University Press（2017）の2章に、ほぼ同じ内容のものが掲載されている。

鈴木健太「苦しみの捉え方について」は、バチェラー氏の仏教理解を分析し、それがオーソドックスな仏教（経典）の考え方とどう違い、あるいはどう同じなのかを解明する。バチェラー氏はブッダの教えの根源へと立ち返ることを強調するが、その実態は、むしろブッダの教えを独自的に発展させた大乗仏教の、さらなる独自解釈ではないかという指摘は示唆深い。

西本照真「禁止から誓いへ」は、高楠順次郎の宗教的な人格形成論について検討し、個々人が他者へと開かれたブッダの「絶対人格」を目指すことの意味を明らかにする。自己よりもまず他者の救いを願う大乗仏教的な「誓い」の意義に関するその力説は、西洋由来の個人主義的な傾向のあるバチェラー氏の思想を相対化しうるだろう。

一ノ瀬正樹「「死の意味」をめぐる一考察」は、バチェラー氏との対話の前提をなす、「死の意味」をめぐる一ノ瀬哲学の概要あるいはその最新版を提示する。エピクロスを筆頭に西洋哲学史の中の「死」や「死者」をめぐる考察を手際よく整理しつつ、「私たちはほぼ常に死んでいる」という逆説的な結論にたどり着くその理路は、非常に刺激的である。

最後に中島聡美「悲嘆の意味」では、親しい人間の死後に訪れる悲嘆の経験と心理、その対処の仕方について、各種の学説をもとに解説される。特に死別のケアの担い手となるコミュニティの意義を問う論述は、長時間の対話を通した新たな知の共同性を構築しようと試みている本プロジェクトの目指すところと深く響き合うものだ。

以上のように、本書はバチェラー氏とその世俗仏教論を本格的かつ批判的に紹介する初めての日本語の著作であり、と同時に、バチェラー氏と一ノ瀬氏の対話からその現代的な重要性が再確認された、「死の意味」

をめぐる学術的な探究の書でもある。現代世界の課題の一端について、仏教と哲学の交差するところ、またはそこに関連してくる学知から、何を提言し、どういった可能性を見出すことができるのか。そのようなテーマについて考えるための素材や導きの糸が、本書には存分に含まれているものと思われる。いままさにこの本を手に取られている読者にも、このかつてない議論と探究のネットワークに接続してもらえることを切に願う次第である。

碧海寿広

２０２４年10月

著者・訳者紹介

Stephen Batchelor（スティーブン・バチェラー）

1953年 スコットランド生まれ。大学進学をせずインド・ダラムサラへ渡り、チベット仏教僧として3年間の研鑽を積んだ後、スイスで修行を行う。その後、韓国曹渓宗の僧院で3年間の禅仏教を修学。現在は作家として多くの仏教関連書を執筆する他、世界各地で講義やリトリートを開催。著書に『ダルマの実践―現代人のための目覚めと自由への指針』(四季社、藤田一照訳)他多数。

一ノ瀬 正樹（イチノセ・マサキ）

武蔵野大学ウェルビーイング学部教授・東京大学名誉教授・オックスフォード大学名誉フェロウ。博士(文学)。和辻哲郎文化賞および中村元賞を受賞。主な業績：『死の所有』(東京大学出版会)、『ためらいと決断の哲学』(青土社)、"The Death Penalty Debate:Four Problems and New Philosophical Perspectives"(Journal of Practical Ethics Vol5.)、"Normativity,probability,and meta-vagueness" (Synthese,Springer,vol.194.) 他。

碧海 寿広（オオミ・トシヒロ）

武蔵野大学文学部教授。1981年東京生まれ。慶應義塾大学経済学部卒、同大学院社会学研究科博士課程単位取得退学。博士(社会学)。龍谷大学アジア仏教文化研究センター博士研究員などを経て現職。著書に『近代仏教とは何か』(青土社)、『高楠順次郎』(吉川弘文館)、『考える親鸞』(新潮選書)、『科学化する仏教』(角川選書)、『仏像と日本人』(中公新書)など。

嵩 宣也（ダケ・ノブヤ）

1988年生まれ。龍谷大学世界仏教文化研究センター研究員、立命館大学大学院授業担当講師・龍谷大学非常勤講師・相愛大学非常勤講師。専門は宗教学・真宗学。龍谷大学大学院文学研究科真宗学専攻博士後期課程修了。博士(文学)。著書に『日本仏教と西洋世界』(共著・法藏館、2020年)、『読んで観て聴く―近代日本の仏教文化』(共著・法藏館、2024年)がある。

鈴木 健太（スズキ・ケンタ）

1974年生まれ。2007年東京大学大学院人文社会系研究科博士課程満期退学、2008年東京大学より博士(文学)の学位授与。2008年北海道武蔵女子短期大学専任講師、2012年同准教授、2020年同教授、2022年同副学長、2023年武蔵野大学教授。現在、武蔵野大学大学院通信教育部人間社会研究科長。著書に『「般若経典」を読む』(角川学芸出版)(共著)など。

中島 聡美（ナカジマ・サトミ）

武蔵野大学人間科学部／人間社会研究科教授。武蔵野大学認知行動療法研究所所長。筑波大学大学院医学研究科博士課程修了。博士(医学)、公認心理師、臨床心理士。国立研究開発法人国立精神・神経医療研究センター精神保健研究所成人精神保健部犯罪被害者等支援研究室室長等を経て現職。専門は遷延性悲嘆症の研究。共著書に『あいまいな喪失と家族のレジリエンス』(誠信書房)など。

西本 照真（ニシモト・テルマ）

武蔵野大学学長。東京大学大学院人文科学研究科印度哲学専攻博士課程を単位取得後退学。博士(文学、東京大学)。武蔵野女子大学(現 武蔵野大学)文学部人間関係学科専任講師に就任後、武蔵野大学附属幼稚園長、学校法人武蔵野大学理事、武蔵野大学人間関係学部(現 人間科学部)学部長、同大学大学院仏教学研究科長を歴任。著書に『三階教の研究』『華厳経を読む』等多数。

松本 紹圭（マツモト・ショウケイ）

武野大学客員教授、武蔵野大学創立100周年記念事業カンファ・ツリー・ヴィレッジ・プロジェクト統括プロデューサー。東京大学哲学科卒、インド商科大学院MBA。浄土真宗本願寺派光明寺僧侶、世界経済フォーラム・ヤンググローバルリーダーズ。未来の住職塾創設者、講師。著書多数、翻訳書『グッド・アンセスター わたしたちは「よき祖先」になれるか』(あすなろ書房)。

装　丁　金井久幸（TwoThree）
編　集　斎藤晃（武蔵野大学出版会）

［カンファ・ツリー・ヴィレッジ叢書1］

世俗仏教の倫理と死の意味の哲学

発行日　2025年1月23日　初版第1刷

著　者　スティーブン・バチェラー／一ノ瀬正樹／碧海寿広／鈴木健太／中島聡美／西本照真／松本紹圭

発　行　武蔵野大学出版会
〒202-8585 東京都西東京市新町1-1-20
武蔵野大学構内
Tel. 042-468-3003　Fax. 042-468-3004

印　刷　株式会社ルナテック

ISBN978-4-903281-66-7

武蔵野大学出版会ホームページ
https://mubs.jp/syuppan/